1826.

marbachermagazin 118

»Theuerste Schwester«
Christophine Reinwald, geb. Schiller

Von EDDA ZIEGLER
in Zusammenarbeit mit MICHAEL DAVIDIS

Deutsche Schillergesellschaft
Marbach am Neckar

Auf einen Blick

Christophine Reinwalds Porträt, das Ludovike Simanowiz vermutlich 1786 oder 1789 als Erinnerungsbild für die Eltern gemalt hat, gehört zu den schönsten Frauenporträts des württembergischen Klassizismus. Es zeigt Schillers Schwester im Alter von etwa dreißig Jahren. Ausdruck und Haltung der jungen Frau lassen auf Herzenswärme und Natürlichkeit, auf Lebensfrische, körperliche und seelische Stabilität schließen – Eigenschaften, die sich Christophine bis ins hohe Alter bewahrt hat, auch wenn ihr Leben alles andere als einfach war. Sein Anfang und Ende fallen mit zwei einschneidenden historischen Ereignissen zusammen, dem Beginn des Siebenjährigen Krieges 1756 und dem der Revolution von 1848. Doch haben die großen Umwälzungen der Epoche Christophine Reinwalds private Existenz und ihre Selbstwahrnehmung nur am Rande berührt. Die Grundzüge und Stationen ihres Lebens folgen in vielem dem tradierten Muster weiblicher Biografien, das sich allem sonstigen Wandel zum Trotz im 18. und frühen 19. Jahrhundert kaum ändert. Mittelpunkt des Frauenlebens ist und bleibt die häusliche Welt. Diese Überzeugung prägt die Ehe und die Erziehungsprinzipien

links Moosrose (Rosa centifolia). Aquarell von Christophine Reinwald.

von Christophines Eltern, ihr folgt die Tochter auch über deren Tod hinaus in allen wesentlichen Entscheidungen.

Elisabeta Christophina Fridrica Schiller, in der Familie Fene genannt, wird am 4. September 1757 als erstes Kind des Ehepaars Schiller in Marbach am Neckar geboren. Die Eltern, Johann Caspar Schiller (1723–1796) und seine Frau Elisabetha Dorothea (1732–1802), leben in schwierigen Verhältnissen. Der Vater nimmt mit den württembergischen Truppen am Krieg zwischen Preußen und Österreich teil, ist ständig unterwegs unter Einsatz seines Lebens. Die Mutter, einziges Kind einer alteingesessenen Marbacher Bürgerfamilie, wohnt derweil bei ihren Eltern, die kurz zuvor ihr Vermögen verloren und damit auch die wirtschaftliche Existenzgrundlage der jungen Familie Schiller gefährdet haben. Erst als zwei Jahre später das zweite Kind, der einzige Sohn Friedrich, geboren wird, zieht Elisabetha in eine eigene, sehr bescheidene Unterkunft; und erst 1763, als der Siebenjährige Krieg beendet ist, gelingt es den Schillers, sich zu einem regelmäßigen Familienleben zusammenzufinden. Frau und Kinder folgen dem inzwischen zum Hauptmann beförderten Vater an seine wechselnden Dienststellen. Zunächst zieht man nach Lorch, dann nach Ludwigsburg und schließlich auf die Solitude bei Stuttgart, wo Caspar Schiller zum »Intendanten« der herzoglichen Gärten und Baumschulen aufsteigt. Die Familie wächst; weitere vier Töchter werden geboren, von denen, wie damals nicht ungewöhnlich, zwei schon im Kindesalter sterben: Louise Dorothea Katharina (1766–1836), Maria Charlotte (1768–1774), Beata Friederike (1773–1773) und Caroline Christiane, genannt Nanette (1777–1796). Der Altersabstand zwischen der ältesten, Christophine, und der jüngsten Schwester beträgt also zwanzig Jahre, fast die Zeitspanne einer Generation.

In Lorch besucht die siebenjährige Christophine vier Jahre lang die Elementarschule. Danach wird sie ganz in den Dienst des Hauses gestellt. Dem Bruder ist die ältere Schwester Spielgefährtin, Vertraute und Helferin. Diese enge geschwisterliche Gemeinschaft endet abrupt, als Friedrich 1773 gegen den Willen der Eltern in die herzogliche Militärschule eingewiesen wird. 1782, nach seiner Desertion, wird Christophine, die in seine Fluchtpläne eingeweiht war, zur Vermittlerin zwischen ihm und den Eltern. Der Umzug auf die abgelegene Solitude hat Christophines Situation noch einmal grundlegend verändert. Ohne den gewohnten geselligen Verkehr mit Nachbarn und Freunden fühlt sich die junge Frau zunehmend isoliert. In dieser Lage entscheidet sie sich 1785, einen Freund ihres Bruders, den Meininger Bibliothekar Wilhelm Friedrich Hermann Reinwald (1737–1815), zu heiraten.

Reinwald ist zwanzig Jahre älter als seine Frau und als Partner wenig attraktiv, ein beruflich frustrierter, jeder Geselligkeit abholder, hypochondrischer Stubengelehrter. Mit ihm verbringt Christophine in Meiningen fast dreißig Jahre – unter mehr als bescheidenen materiellen Bedingungen. Mit Zeichenunterricht, Obst- und Gemüseanbau schafft sie sich einen kleinen Freiraum außerhalb ihrer beengten Häuslichkeit. Die Beziehung bleibt kinderlos. Erst 1802 – da ist Christophine 45 Jahre alt – verändern sich die Verhältnisse zu ihren Gunsten. Mit dem Tod der Mutter fällt ihr ein kleines Erbe zu, und ihr Bruder schlägt ihr vor, sich von ihrem ungeliebten Mann zu trennen und zu ihm nach Weimar zu ziehen. Doch harrt sie bei ihrem Mann aus bis zu dessen Tod 1815. Die Versuche, als Witwe daheim im Schwäbischen ein neues Leben zu beginnen, schlagen fehl. So kehrt Christophine 1822 nach Meiningen zurück und führt dort, anerkannt in der städtischen und höfischen Gesellschaft, ein – gemessen an ihrer bisherigen Existenz – relativ freies, finanziell gesichertes Leben. Eine enge Freundschaft verbindet sie in dieser Lebensphase mit der 26 Jahre jüngeren Stiftsdame Luise Heim. Christophine stirbt am 31. August 1847, fast neunzigjährig – 42 Jahre nach ihrem berühmten Bruder. Sie stirbt wie sie gelebt hat: als Schillers Schwester. Die Muster, von denen das Leben der Schwestern berühmter Männer traditionell geprägt wird, haben auch ihre Existenz bestimmt.

Die Tochter

Neun Jahre sind die Schillers schon verheiratet, als Christophine geboren wird. Das ist ungewöhnlich für die damaligen, kinderreichen Zeiten. Die problematischen Verhältnisse, unter denen das Ehepaar lebt, könnten einiges dazu beigetragen haben, dass der Kindersegen sich so zögerlich und auch später mit einer längeren Pause einstellt.

Als Johann Caspar Schiller aus seinem Heimatort Bittenfeld bei Waiblingen 1748 nach Marbach gekommen war, um dort eine Schwester zu besuchen, lagen harte Zeiten hinter ihm: Der gelernte Barbier hatte im Österreichischen Erbfolgekrieg bei einem bayerischen Husarenregiment gedient. In den Kämpfen mit französischen Truppen war er mehrfach verwundet und für seine Tapferkeit auch ausgezeichnet worden. Mit seinen Kenntnissen als »Chirurgus«, den Erfahrungen, die er während der Kampagne in den Niederlanden gesammelt hatte, und dem im Krieg erworbenen Vermögen plante er nun, sich in seiner württembergischen Heimat niederzulassen.

Elisabetha Dorothea, die noch nicht 16-jährige einzige Tochter seines Vermieters, des Marbacher Bäckermeisters und Löwenwirts

links Apfelblüte
(Malus domestica). Aquarell von
Christophine Reinwald.

Georg Friedrich Kodweiß, kommt aus einer angesehenen, allem Anschein nach auch wohlhabenden Familie und gilt als gute Partie. Was liegt näher für Caspar Schiller, als diese Gelegenheit zu nutzen? Im Juni 1749 approbiert er sich als Wundarzt, am 22. Juli heiraten die beiden, und Caspar Schiller eröffnet seine Praxis im Haus der Schwiegereltern. Doch die Grundlage dieser so wohlbedachten bürgerlichen Existenz erweist sich bald als trügerisch. Vater Kodweiß war, schon als er seine Tochter verheiratete, tief verschuldet. Er hat sich als Inspektor des herzoglichen Floßwesens auf der Murr in unseriöse Geschäfte verstrickt, die ihn und seine Familie in den Ruin führen. In den ersten Ehejahren seiner Tochter muss er seinen Besitz nach und nach verkaufen, auch die ihr als Mitgift zugesicherten Grundstücke. Sein Bankrott reißt sogar Teile des mühsam erworbenen Barvermögens seines Schwiegersohns mit sich. Der einst so angesehene Bürger Kodweiß ist zum Sozialfall geworden; als Wächter des Niklastors findet er schließlich ein kärgliches Auskommen. Die junge Familie sieht sich gezwungen, in den beengten Räumlichkeiten der elterlichen Wohnung mit unterzuschlüpfen. Schiller kann die Wundarztpraxis unter diesen Bedingungen nicht länger halten. Schon 1753 gibt er sie auf und verdingt sich, dreißigjährig, ein weiteres Mal beim Militär, nun in der württembergischen Armee. Und weil sich eine Stelle als Feldscher und Barbier, die seiner Ausbildung entsprechen würde, dort nicht finden lässt, zieht Schiller als Fourier im Versorgungsstab in den Siebenjährigen Krieg. Seine Frau folgt ihm an die verschiedenen Stationierungsorte und quartiert sich in der Nähe ein – ein Leben in ständigem Provisorium: unsicher, arm an Abwechslung und Anregungen, unter schlechten finanziellen und hygienischen Bedingungen. Diese äußerlich wie innerlich bedrückenden Verhältnisse lassen wenig Raum für die Entwicklung einer vertrauten, gar intimen Beziehung. Zu Armut und sozialem Abstieg kommt wohl die Enttäuschung des jungen Ehemanns und Schwiegersohns. Er sieht sich durch die Ehe, von der er sich eine bürgerliche Existenz und sozialen Aufstieg versprochen hatte, um die Verwirklichung seiner Lebenspläne betrogen. Seine Frau kann sich unter diesen Umständen Schuldzuweisungen und Selbstvorwürfen wohl kaum entziehen.

Unter diesen Umständen kommt Christophine Schiller 1757 in Marbach zur Welt, in der Wohnung der Großeltern, heute Niklastorstraße 28. Zu ihren Taufpaten, zwei Männern und zwei Frauen, zählt auch ein Regimentskamerad des Vaters. Erst zwei Jahre später, kurz vor der Geburt des zweiten Kindes, des Sohnes Friedrich, wird die erste eigene, wenn auch ärmliche Mietwohnung bezogen, eine Stube mit fensterloser Küche im Erdgeschoss des Schöllkopfschen Hauses, heute Niklastorgasse 31. Hier leben Christophine und Friedrich mit der Mutter bis zum Ende des Siebenjährigen Krieges. Christophine ist sechs, die Ehe schon fünfzehn Jahre alt, als sich bei Schillers endlich eine gewisse familiäre Kontinuität einzustellen beginnt. Im Januar 1764 holt der Vater, der sich als Werbeoffizier in der Reichsstadt (Schwäbisch) Gmünd hochdient und aus Kostengründen im benachbarten württembergischen Lorch einmietet, Frau und Kinder dorthin nach. Die idyllische dörfliche Welt bietet Freiraum für Spiele und Erkundungen in Lebenswirklichkeit und Fantasie. In enger Gemeinschaft erleben die Geschwister den Aufenthalt in der freien Natur, Ausweg und Auslauf aus dem von der Strenge des Vaters dominierten häuslichen Umkreis. Es sind wohl die glücklichsten Jahre in Christophines Kindheit. Nach zwei Jahren bekräftigt die Geburt der Schwester Louise das Zusammenleben der Familie. Louise entwickelt sich später zur handfesten und tatkräftigen Hausfrau und Wirtschafterin. 1799 heiratet sie den Vikar Johann Gottlieb Franckh, der die Pfarrei in Cleversulzbach übernehmen und schließlich Stadtpfarrer in Möckmühl werden wird. Die vielfältigen Aufgaben einer Pfarrersfrau soll Louise ohne größere Krisen und Einbrüche gemeistert haben. Für Christophine wird sie nach dem Tod von Eltern und Bruder zur wichtigsten familiären Bezugsperson.

Mädchenerziehung richtet sich damals, ganz nach dem Muster des Erwachsenenlebens, an strengen Maßstäben von Pflicht und Moral aus. Mit der Geburt der Geschwister dürfte Christophine ganz selbstverständlich als Helferin in Haus und Familie eingesetzt worden sein. Um so mehr genießt das Mädchen in Ludwigsburg, wo die Familie zwischen Christophines zehntem und siebzehntem Lebensjahr wohnt, das gesellige Leben einer Residenzstadt. Mit seinem Schloss, dem großen Park und zahlreichen Kasernen gilt Ludwigsburg damals als Pendant zur preußischen Residenz, als »schwäbisches Potsdam«. Christophine fühlt sich offenbar wohl in diesem Milieu. Sie schätzt die kurzen Wege und vielfältigen Kontakte zu Verwandten, Freunden und Nachbarn. Mit Ludovike Reichenbach, der Nichte des herzoglichen Leibarztes, in dessen Haus die Schillers ein Jahr lang leben, und mit deren Geschwistern Friedrich und Johanne schließt sie eine dauerhafte Freundschaft. Ludovike, nachmals verheiratete Simanowiz, wird es als Malerin zu einigem Ansehen bringen und Christophines bewundertes, wenn auch unerreichbares Vorbild werden.

Wenig Raum bleibt in aller Regel für die Schulbildung der Mädchen. Die allgemeine Schulpflicht, die in Württemberg 1649 eingeführt worden ist, greift nur langsam. In der zweiten Hälfte des 18. Jahrhunderts werden nur rund 50 Prozent der schulpflichtigen Kinder amtlich erfasst und zum Schulbesuch angehalten: sicher weniger Mädchen als Jungen. Der Schulbesuch der Mädchen beschränkt sich, wenn es überhaupt dazu kommt, auf wenige Jahre, in denen sie sich nur elementarste Kenntnisse aneignen können – jedenfalls in den kleinbürgerlichen Verhältnissen der Schillers. Auch Christophine hat nur in der Lorcher Zeit zur Schule gehen dürfen. Danach, als der Bruder in die Ludwigsburger Lateinschule übertritt, beginnt für sie die damals wesentliche Phase weiblicher Sozialisation: die praktische Ausbildung in allen Geschäften des Hauswesens, gedacht als Vorbereitung auf den einzig akzeptierten weiblichen Beruf, den der Hausfrau und Mutter. Als beste Voraussetzungen dafür gelten die tradierten weiblichen Tugenden: Gottesfurcht und Gehorsam, Fleiß, Sanftmut und Liebenswürdigkeit – Eigenschaften, die ein möglichst konfliktfreies Zusammenleben unter männlicher Dominanz versprechen. Wie stark Christophine diese Werte verinnerlicht hat, davon geben noch die Briefe ihrer Witwenzeit beredte Auskunft.

Bruder Friedrich lebt seit Januar 1773 nicht mehr in der Familie. Der Herzog ordnet seinen Eintritt in die wenige Jahre zuvor gegründete ›Militair-Pflanzschule‹ an. Die dort gültige Erziehung entzieht die Kinder programmatisch jedem familiären Einfluss. Die Zöglinge dürfen das Institut kaum verlassen, Besuche der Eltern müssen schriftlich beantragt und genau begründet werden. Der Schwester Christophine als heranwachsendem Mädchen ist der Zutritt gänzlich untersagt. So sieht sie ihren Bruder während der Jahre in der Karlsschule kaum, obwohl er nur wenige Kilometer entfernt lebt. Diese Trennung wird von Christophine als massiver Eingriff in die familiäre Intimsphäre und als herber persönlicher Verlust erlebt.

Vater Schiller wird 1775 Intendant der Herzoglichen Gärten auf der Solitude, dem vom Herzog aufgegebenen Sommerschloss weitab von Stuttgart, wo er ausgedehnte Baumschulen anlegt. Dieser Orts- und Milieuwechsel verändert Christophines Leben zum Schlechten, macht es gleichförmig und langweilig, dominiert von den Mühen der alltäglichen Arbeit. Die Isolation verstärkt sich noch, als ein Husarenregiment auf die Solitude verlegt wird. Durch die Stationierung von Ross und Reiter gewinnt Schiller eine nachhaltige und kostengünstige Düngerquelle für seine Gartenanlagen. Doch der berufliche Vorteil des Vaters wird zum existenziellen Nachteil für die Tochter. Denn die in bürgerlichen Ehrbegriffen denkenden Eltern verbieten ihr – des guten Rufes wegen – jeden Umgang mit den Soldaten.

Unter diesen Bedingungen, die ihr, wie sie später in den Briefen an den Bruder schreibt, immer unerträglicher werden, entschließt sich Christophine 1785, mit 28 Jahren, den Heiratsantrag des Bibliothekars Wilhelm Friedrich Hermann Reinwald aus Meiningen anzunehmen. Ausschlaggebend dafür ist letztlich der Wunsch des Vaters, seine älteste Tochter endlich versorgt zu sehen, auch wenn er – ganz auf der Höhe seiner Zeit – vorgibt, die Entscheidung den Gefühlen der unmittelbar Beteiligten zu überlassen. »Was den Punkt seiner Schwester anbelangt«, schreibt Caspar Schiller an den Sohn, nachdem dieser schwerwiegende Bedenken gegen die Verbindung mit Reinwald geäußert hatte, »so zweifle ich mehr, ob ihr Betragen dem Herrn Reinwald gefällig genug als daß sie ihm zu arm sei. So, wie wir diesen Hrn haben kennen lernen, kann er mit 100 fl. besser auslangen, als Er, mein Sohn mit 1000. und nichts destoweniger ist er immer gehörig arrangirt. [...] Es wird darauf ankommen, was beide Personen für einander empfinden, und aus welchem Gesichts-Punkt jedes diese Sache ansiehet; wir Eltern müssen es lediglich der göttlichen Vorsehung überlassen.« [31. Juli 1784.] Anders als der väterliche Brief es suggeriert, geht Christophine offenbar nicht davon aus, ihren eigenen Neigungen folgen zu dürfen. Das wird in ihren Briefen an den Bruder deutlich – wie zurückhaltend sie auch immer formuliert sein mögen. Von sich selbst, von eigenen Wünschen und Träumen, redet sie jedenfalls kaum. Und der Vater ist es gewohnt, seine von keinerlei selbstkritischer Reflexion gebrochenen Vorstellungen von Disziplin und Gehorsam auch in der Familie strikt durchzusetzen. Sein oberstes Ziel ist auch in diesem Fall die materielle Sicherheit, die er für sich und die Seinen schwer genug hat erkämpfen müssen.

Christophines Mutter wird durchweg als sanfte, fromme und liebevolle Frau beschrieben. Auch sie entspricht damit ganz der bürgerlichen Konvention. Elisabetha Dorothea darf und soll als Mutter toleranter und emotionaler sein als der Vater. Sie duldet und deckt kleine Regelverstöße, vor allem beim Sohn, und schafft – als Ausgleich zum Zwang des Vaters – einen größeren Spielraum für Gefühle. Im Haus soll sie sicher und tatkräftig agiert haben, unsicher und ängstlich jedoch außerhalb des familiären Bereichs. Dazu mögen die Erfahrungen, die sie als junge Frau mit dem gesellschaftlichen Abstieg ihrer eigenen Familie gemacht hat, beigetragen haben. Mutter Schiller hätte – auch darin wohl geprägt von den eigenen Erfahrungen – ihren Töchtern gern eine bessere Zukunft ermöglicht, eine längere und intensivere Schulbildung und ein abwechslungsreicheres gesellschaftliches Leben. Dem Vater aber erscheint all das – zumal unter den vom Militär mitgeprägten Lebensbedingungen auf der Solitude – als unschicklich und finanziell zu aufwendig. Und nach den schwierigen Anfängen dieser Ehe stehen die Chancen der Mutter, sich mit unkonventionellen Vorstellungen durchzusetzen, schlecht. Also fügt sie sich, ganz so, wie Christophine es später in ihrer pflichtbetonten Ehe tun wird. Aber in den Wünschen der Tochter leben auch die unerfüllten Wünsche der Mutter weiter. Immerhin versucht Elisabetha Dorothea, zumindest in Ansätzen, die harte Lebensrealität durch literarische Interessen zu kompensieren. Nach den Aufzeichnungen Christophines liest sie – ganz dem Zeitgeschmack entsprechend – empfindsame Dichter wie Gellert, Uz und Klopstock. Die Tochter wird später den Ausgleich zum frustrierenden Alltag vor allem im Zeichnen suchen und dabei, begünstigt durch die größeren Möglichkeiten bürgerlicher Frauen der Goethezeit, mehr Kreativität entwickeln können, als es der Mutter eine Generation zuvor möglich war.

Zu den Rollenmustern für Töchter bürgerlicher Stände gehört es, dass sie als tätige Hilfe und seelischer Beistand für Eltern und Geschwister bei Krankheit, Not- und Todesfällen zur Verfügung stehen – auch wenn sie selbst familiäre Pflichten haben und weit entfernt leben. Diese Situation tritt in der Familie Schiller im Frühjahr 1796 ein. In der Umgebung von Ludwigsburg und besonders in dem damals auf der Solitude eingerichteten österreichischen Militärlazarett bricht, während die napoleonischen Truppen Süddeutschland einnehmen, eine Fieberepidemie aus. Christophines jüngere Schwestern stecken sich an. Die achtzehnjährige Nanette, Lieblingskind der Familie, stirbt an der Seuche. Caspar Schiller, mittlerweile 74 Jahre alt, erkrankt gleichzeitig an schwerer Gicht. Die Mutter ist mit der Pflege überfordert, zumal der Vater immer tyrannischer und wehleidiger wird. Christophine verfolgt das Kriegs- und Krankheitsgeschehen zunächst notgedrungen aus der Ferne, denn ihr egozentrischer und unflexibler Mann ist nicht bereit, sie zu den Eltern fahren zu lassen. Eine Reiseerlaubnis erwirkt erst ein Brief Friedrich Schillers, der die in diesem Fall lebensgefährliche Kindespflicht der Pflege mit Selbstverständlichkeit an die Schwester delegiert. Er selbst bleibt daheim im sicheren Jena, legitimiert durch seine chronisch schwache Gesundheit, seine beruflichen Pflichten und die Bereitschaft zur Kostenübernahme: »Ueberlege, meine liebe Schwester, daß Eltern in solchen Extremitaeten den gerechtesten Anspruch auf kindliche Hilfe haben. Gott, warum bin ich jetzt nicht gesund – und so gesund als ich es bey der Reise vor drey Jahren war, ich hätte mich durch nichts abhalten lassen, hinzueilen. Aber daß ich über 1 Jahr fast nicht aus dem Hause gekommen macht mich so schwächlich, daß ich entweder die Reise nicht aushalten, oder doch selbst krank bey den guten Eltern hinfallen würde. Ich kann leider nichts für sie thun als mit Geld helfen, und Gott weiß daß ich das mit Freuden thue. Bedenke, daß die liebe Mutter, die sich bißher mit einer bewunderns-würdigen Standhaftigkeit betragen, endlich unter sovielen Leiden zusammen stürzen muß – Ich kenne Dein kindliches liebevolles Herz, ich kenne die Billigkeit und Rechtschaffenheit meines Schwagers. Beyde werden euch lehren, beßer als ich, was unter diesen Umständen nöthig ist.« [25. April 1796.]

So kommt Christophine von Ende April bis September 1796 noch einmal zurück auf die Solitude. Ihre ausführlichen Berichte aus dem Krisengebiet informieren über diese letzte Phase im Zusammenleben der Eltern Schiller mit ihrer ältesten Tochter. Im Juli dringen französische Soldaten in die Schillersche Wohnung ein und plündern Teile des Hausrats. Am 7. September stirbt der Vater. Um die Mutter, die mit herzoglicher Erlaubnis eine kleine Wohnung im Leonberger Schloss bezieht, kümmert sich fortan Louise. Bei ihr im Pfarrhaus von Cleversulzbach wird sie, sechs Jahre nach dem Vater, sterben.

Elisabetha Dorothea Schiller hat über ihr Schicksal und ihre emotionalen Defizite erst zu sprechen begonnen, als es mit ihrem Mann zu Ende ging und sich mit der Lebenskraft auch seine Dominanz abschwächte. Und wie die Mutter wird auch die älteste Tochter die Schwierigkeiten ihrer Ehe erst artikulieren, als die autoritäre Instanz (in Gestalt der Eltern) verstummt ist und die elterlichen Wertmaßstäbe ihren Absolutheitsanspruch verloren haben. Der Brief, in dem Christophine dem Bruder den Tod der Mutter mitteilt, gibt, auch wenn er in vielem auf sprachliche Stereotypen reduziert bleibt, Einblick in Christophines Selbstverständnis und ihr Verhältnis zu den Eltern. Bezeichnenderweise beschäftigt sie sich darin vor allem mit dem Vater, dem Familienpatriarchen: »der liebe Vater hatte gewiß recht viele gute Seiten, und in einer andern Lage wäre er ein Vortreflicher Mann geworden. In dieser sich zu erhalten besaß er zu wenig Klugheit, und seine heftigen Leidenschaften liesen ihn manches von einer andern Seite ansehen und er mußte oft ungerecht scheinen, was er doch nie wolte; denn er war äuserst gewißenhaft in Erfüllung seiner Pflichten. und streng gegen sich selbst und andere, aber doch hatte er Zartheit wenn man ihn nur zu behandeln wußte und nicht im Augenblik der Leidenschaft die Sache durchsezen wolt. ich weiß sehr oft wie lästig ihm dieses Betragen war und wie unzufrieden er mit sich selbst war wenn er jemand dadurch beleidigt hatte; aber er hatte doch nicht Kraft genug bey der nächsten Gelegenheit sich zu mäßigen. Ach ich denke oft an ihn, auch an sein Gutes – und vorzüglich zu meiner eigenen Selbstprüfung da ich viele von seinen Fehlern habe.« [21. Mai 1802.] Dieser Nachruf ist zugleich Christophines Schlusskommentar zu ihrer Rolle als Tochter. Von nun an wird der Bruder, auch offiziell Familienoberhaupt, für die wenigen Jahre, die er noch zu leben hat, ihr wichtigster Ansprechpartner sein.

II·88.

Die Schwester

Zum Gegenstand der Literaturwissenschaft, zum biografischen Faktor, wird Christophine als Schwester Friedrich Schillers. Auch in ihrer Vita bilden sich die Lebensmuster ab, die für Schwestern berühmter Männer typisch sind. Da ist zum einen die für damalige Verhältnisse außergewöhnliche Langlebigkeit. Schwestern prominenter Männer verdanken sie in aller Regel ihrer Ehe- und Kinderlosigkeit, die mit der engen Bindung an den Bruder in Zusammenhang gebracht wird. Auch Christophine überlebt den jüngeren Bruder um mehr als vier Jahrzehnte. Sie bleibt zwar nicht unverheiratet, heiratet aber relativ spät und bleibt kinderlos. Da ist zum andern die Funktion der Schwester, die – nach dem tradierten Verständnis der Geschlechterrollen – am Bruder Mutterstelle vertritt, mit allen Konsequenzen dieser überwiegend undankbaren Aufgabe, und zwar lebenslang. Christophines Briefe an den Bruder und an die Schwägerin sind stets voller Sorge um seine Karriere und um seine labile Gesundheit – auch wenn ihr die damit verbundenen Ratschläge an einen erwachsenen Mann und Mediziner oft selber fehl am Platze erscheinen. Dass sie dem Bruder, der als einziger Sohn eines autori-

links Goldlack (Cheiranthus cheiri). Aquarell von Christophine Reinwald.

tären Vaters früh zur Dominanz neigt, seine Ausnahmestellung nie streitig macht und schon während der Kindheit selbstverständlich die Hauptrolle im Mittelpunkt des Geschehens überlässt, belegt jede der von ihr überlieferten Episoden. Später, bei Schillers Flucht aus dem Dienst des Herzogs, fungiert sie als Vertraute, Helferin und Vermittlerin. Schließlich, nach Schillers und seiner Witwe Tod, wird Christophine zur Ansprechpartnerin seiner Kinder und zur Zeitzeugin für seine Biografen.

Die herausgehobene Position des einzigen Bruders neben drei Schwestern ist in der Schillerschen Familienkonstellation überdeutlich. Die besondere Beziehung der beiden ältesten Geschwister, die in den ersten Jahren mehr als üblich aufeinander angewiesen sind, wird durch den großen Altersunterschied zu den nachfolgenden Kindern verstärkt. Diese enge Bindung hat über die Pubertät hinaus Bestand. Noch als junger Erwachsener nennt Friedrich Christophine »die Heldin in meinen idealischen Träumen« [1. Januar 1784] und gibt vor, sich nicht von ihr trennen zu wollen: »Ich werde nicht heiraten, Du sollst mit mir leben.« [*Schillers Werke*, NA, Bd. 42, S. 6.] Angesichts des geringen Altersabstands und der besonderen frühkindlichen Lebensumstände sind solch inzestuöse Fantasien als normal anzusehen. Dass sie auch später, bei der beiderseitigen Partnerwahl, unbewusst weitergewirkt haben, ist nicht ganz von der Hand zu weisen. Immerhin hat sich Christophine mit einem Seelenfreund ihres Bruders verheiratet, der die Verbindung zwar zu verhindern trachtete (wofür es – außer der psychodynamischen Grundkonstellation – realiter gute Gründe gab), dann aber als gemeinsamer emotionaler Bezugspunkt und Dritter im Bunde immer präsent bleibt. Als Friedrich selbst eine feste Bindung eingeht, ist Christophine neben dem Freund Christian Gottfried Körner der einzige Mensch, den er in seine Heiratsabsichten einweiht.

Das Gespräch zwischen Christophine und Friedrich Schiller ist offen und unprätentiös, das Verhältnis frei von Neid und Konkurrenzdenken. Zu derlei Gefühlen hätte, bedenkt man beider Lebensumstände und -leistung, nur die Schwester Anlass gehabt. Sie muss sie sich versagt haben. Klaglos findet sie sich mit der ihr zugewiesenen klassischen Rolle der vernünftigen, selbstlos-hilfsbereiten älteren Schwester ab. Auch im Briefwechsel mit dem Bruder, den sie meist zusammen mit Reinwald führt, tritt sie angesichts des bei beiden Männern ausgeprägten Hangs zur Selbstdarstellung in den Hintergrund. Schwerer ins Gewicht fällt die Benachteiligung der Schwester bei der Schulbildung und bei der Entwicklung kreativer Fähigkeiten. Diese Differenz wird auch in der ständigen Bevormundung sichtbar, die Christophine sich von früh an vom Bruder gefallen lassen muss. Das mag zu jenem tief sitzenden Gefühl intellektueller und kreativer Unterlegenheit beigetragen haben, das in ihren Briefen immer wieder zum Ausdruck kommt.

Drei Schlüsselszenen in der Biografie der Geschwister beleuchten das Verhältnis beider zueinander und die prekäre Position Christophines schlaglichtartig. Die erste dieser Szenen spielt im Jahr 1782: Die Uraufführung der *Räuber* am 13. Januar in Mannheim macht den zweiundzwanzigjährigen Friedrich Schiller über Nacht berühmt. Von da an ist er auf die Genierolle auch öffentlich fixiert. Und wie im klassischen Drama folgt auf Glanz und Ruhm unmittelbar die Katastrophe. Der junge Schiller nutzt seinen Erfolg, um dem Herzog zu entkommen, der seit der Zwangseinweisung in die Militärakademie sein Schicksal bestimmt. Für Schiller hat das eigene Interesse, die Freiheit des Genies, Priorität, auch wenn er damit gegen die Familienloyalität verstößt, die Karriere des Vaters und die Existenzgrundlage der von herzoglicher Willkür abhängigen Familie gefährdet. Caspar Schiller darf wegen seiner Verpflichtungen gegenüber dem Dienstherrn nichts von der geplanten Flucht wissen. Christophine ist die Einzige, die der Bruder über seine Pläne informiert. Nun ihrerseits in Zwiespalt gebracht zwischen der Loyalität zu den Eltern und der zum Bruder, entscheidet sie sich für ihn und seinen Drang nach literarischer Selbstverwirklichung und vermittelt höchst kompetent zwischen ihm und den Eltern. Die Briefe mit fingierten Absendeorten, die Schiller an die »theuerste Schwester« schreibt, verraten eine ungemein geschickte Taktik sowohl bei der Selbstdarstellung wie bei der Irreführung der Behörden. Die Flucht des Bruders und die damit verbundene Trennung von ihm gehören zu den wenigen Momenten in Christophines Leben, in denen sie sich gegen eine Autorität auflehnt. »Es war kein anderer Weg, wenn sein Geist nicht ganz untergehen sollte, als der, den er wählte, das Vaterland zu verlassen«, schreibt sie darüber in ihren *Notizen über meine Familie*: »Was wir, die Seinigen in dieser Zeit um ihn für Kummer hatten, lässt sich nicht beschreiben – Der einzige Sohn und Bruder, so herum getrieben, ohne alle Schuld, sich hingegeben zu fühlen und so verfehlt seine Natur Bestimmung zu leben – «. [*Schillers Persönlichkeit. Urtheile der Zeitgenossen und Documente*, gesammelt von Max Hecker, Tl. 1, Weimar 1904, S. 35.] Christophine handelt und argumentiert hier, wie immer, nicht in eigenem Interesse, sondern in dem des Bruders. Auf ihn, der sich – allein wegen seines Geschlechts, aber auch legitimiert durch seine außergewöhnliche Begabung – eine Freiheit nimmt, die ihr nicht zusteht, projiziert sie die Wünsche und Perspektiven, die für sie selbst nicht zu verwirklichen sind.

Schillers Flucht wird – ohne dass dies damals absehbar gewesen wäre – eine entscheidende Konsequenz für Christophines eigene Zukunft haben. Denn im Bauerbacher Exil lernt er den Bibliothekar Reinwald kennen, der dann um die Hand der Schwester anhält. Diese Konstellation führt direkt zur zweiten Schlüsselszene: Schiller spricht sich dem Vater gegenüber entschieden gegen die Verbindung mit Reinwald aus, weil er die Schwester vor einem schwierigen Partner bewahren will, der nicht einmal imstande ist, sie angemessen zu versorgen. Durch die Verlobung vor vollendete Tatsachen gestellt, zieht er sich ins Schweigen zurück. Der erste Brief, den Christophine nach ihrer Heirat und dem Umzug nach Meiningen an den Bruder schreibt, zeigt, dass sie sich in dieser wichtigsten Entscheidung ihres Lebens von ihm im Stich gelassen fühlt: »ich schrieb Dir [...] vor einigen Monathen meine ganze Lage und ich erhielt keine Zeile: ich mußte glauben daß sie Dich nicht interesirte (denn daß Du den Brief bekommen hast, weiß ich fast zuverläßig), ich wurde also mit meinen Vertrauen zurükgescheucht daß ich Dir gerne schenkte –«. [6. Oktober 1786.] Die Enttäuschung sitzt umso tiefer, als Christophine die Vernachlässigung durch den Bruder offenbar schon seit langem wahrgenommen hat. Denn im selben Brief heißt es: »Du hast mir schon so oft etwas versprochen, auf das ich mich vergebens freute.«

Eine weitere Schlüsselszene beleuchtet das Verhältnis der beiden Geschwister nach dem Tod der Mutter, 1802. Der Bruder wird nun zu Christophines wichtigster Bezugsperson. Er trägt ihr diese idealisch überhöhte brüderliche Fürsorge selbst an: »O liebe Schwester, so sind uns nun beide liebende Ältern entschlafen, und dieses ältste Band, das uns ans Leben feßelte, ist zerrißen. [...] O lass uns, da wir drei nun allein noch von dem väterlichen Hause übrig sind, uns desto näher aneinander schliessen.« [10. Mai 1802.] Diese neue Nähe gibt Christophine die Möglichkeit, ihre schwierige Ehe mit Reinwald noch einmal zu überdenken. Auch wenn sie den Vorschlag Schillers, sich von ihrem Mann zu trennen und zu ihm nach Weimar zu ziehen, nicht annimmt, verändert allein diese Möglichkeit die eheliche Beziehung positiv.

Zu fragen bleibt nach Christophines Verhältnis zu Schillers Werk. In den Briefen an den Bruder und die Schwägerin äußert sie sich dazu nur sporadisch. Im Vordergrund steht die rückhaltlose Bewunderung für alles, was der Bruder tut und schreibt. Christophine liest alle Werke, deren sie habhaft werden kann, von den Gedichten über die Dramen bis zur *Geschichte des Dreißigjährigen Kriegs*, klagt aber immer wieder über die Schwierigkeiten, sich die Texte zu beschaffen, so etwa beim Erscheinen des *Musen-Almanachs für das Jahr 1800*: »Recht sehr hätte ich gewünscht, das Gedicht von dem lieben

Bruder, die Glocke, das im diesjährigen Almanach herauskam, zu lesen; aber ich hab' es nicht einmal hier zu borgen bekommen können.« Offenbar hat sich der Bruder um solche Wünsche seiner Schwester nicht immer gekümmert. Und in Meiningen sind seine Werke, trotz der viel gerühmten Qualität der dortigen Hofbibliothek, mitunter nur schwer erhältlich. Christophines Lieblingsdrama ist *Die Jungfrau von Orleans*. Sie rezipiert das Stück ganz in der Tradition der Empfindsamkeit: »ich konte diese Bilder nicht aus meiner Seele bringen sie gingen fast in Handlung über so daß ich oft des Morgens ganz abgemattet als wenn ich die Johanna selbst vorgestellt hätte, aufstund dennoch trieb es mich unwiederstehlich das Buch wieder zu nehmen bis ich jedes Wort und jeden Sinn faßte«, schreibt sie ihrem Bruder. [30. März 1805.] Schillers Gedichte liest Christophine, der damals üblichen Praxis des Wiederholungslesens verpflichtet, so oft, bis sie sie auswendig kann, um sich dann in stillen Momenten memorierend mit ihnen zu beschäftigen. Doch ihre Wünsche richten sich letztlich noch auf etwas anderes, nämlich darauf, teilzuhaben an der öffentlichen Wirkung von Schillers Person und Werk, an seinem Ruhm: »Bei der Aufführung von Wallenstein hätte ich freilich gern zugegen sein mögen«, schreibt sie nach der Uraufführung von *Wallensteins Tod* an Schillers Frau, »denn solche Genüsse sind bei mir selten. Ich glaube wohl, liebste Schwester, wie erhebend Dir das sein mußte, eine so große Menge Zuschauer in Bewegung gesetzt zu sehen, und der Gedanke, dies hat Schiller gethan.« [6. Juni 1799; *Schiller's Beziehungen zu Eltern, Geschwistern und der Familie von Wolzogen*, hrsg. von Alfred von Wolzogen, Stuttgart 1859, S. 268. Im Folgenden zit. als: *Beziehungen*.] Immerhin fällt auch in Meiningen ein schwacher Abglanz seines Ruhms auf die in ungebrochen ständischen Kategorien denkende Christophine. Schillers Gedichte werden ihr zum Entreebillett in die dortige Adelswelt: »Ihre [der Fürstin von Wied-Neuwied] Achtung für Deine Gedichte ist auserordentlich; gewiß ist sie mir nur deßwegen so gut weil ich Deine Schwester bin!« [15. Februar 1799.]

Schillers Erfolg versteht Christophine – darin so geniegläubig wie ihre Zeitgenossen – als Frucht der schon im Kind angelegten Fähigkeiten. An deren Entwicklung war sie als enge Vertraute unmittelbar beteiligt. Und sie wünscht sich nichts anderes als die Perpetuierung dieser Symbiose bis in die Gegenwart. So schreibt sie am 6. Juni 1799 an die Schwägerin: »Wie oft denke ich an unsere Jugendscenen hierbei zurück! Welche Gewalt er schon damals über die Herzen so vieler hatte; wenn er so in eine große Gesellschaft kam auf der Redoute oder sonst wohin, machten sie ihm unwillkührlich Platz, wo er kam! Oft hörte ich leise hinter mir sagen: ›seht, da kommt Schiller!‹ Wie mich das emporhob, und wie gern und kindisch ich jetzt noch bei diesem Rückblick stehen bleibe, verstehst du wohl am besten! Wie glücklich ist er, daß Du das alles fühlst – und wie gern gönne ich's ihm!« [*Beziehungen*, S. 268 f.] Hier wird deutlich, wie sehr Christophine aus ihrem Status als Schillers Schwester Anerkennung, Lebenssinn und Kraft für die Bewältigung eines frustrierenden Alltags bezieht, sei es unter der Herrschaft des Vaters, in der Ehe mit Reinwald oder in ihrer langen Witwenzeit.

Heirat

Christophines Heirat verdankt sich vor allem ihrem Status als Schillers Schwester: Der emotionale Ausgangspunkt für Reinwalds Interesse an ihr ist seine Freundschaft mit Schiller. Wilhelm Friedrich Hermann Reinwald, am 11. August 1737 in Wasungen geboren, entstammte einer bürgerlichen Familie. Der frühe Tod des Vaters und kriegsbedingte Vermögensverluste der Familie zwangen ihn nach dem in Jena absolvierten Jurastudium viele Jahre in subalterner Stellung als Schreiber in den Dienst der Herzöge von Sachsen-Meiningen und damit zu Aufgaben, die weit unter seinen Fähigkeiten lagen – eine Konstellation, aus der er sich lebenslang nicht frei zu machen vermochte. Die beste Zeit seines Lebens verbrachte Reinwald in Wien, wohin ihn sein Gönner, Herzog Anton Ulrich, 1762 als »Geheimen Canzlisten« geschickt hatte, um Berichte über das politische und literarische Leben in der Metropole des Habsburgischen Reichs zu liefern. Hier, durch beruflichen Umgang, geselligen Kontakt und geistigen Austausch in einem großstädtischen Milieu, lebte er auf. Doch der Wiener Aufenthalt endete schon ein Jahr später mit dem Tod des Herzogs. Reinwald sah sich gezwungen,

links Kapuzinerkresse (Tropaeolum maius). Aquarell von Christophine Reinwald.

in das provinzielle Meiningen zurückkehren, in die schlecht dotierte Position eines »Consistorial-Canzlisten«. Als solcher versah er – ohne zusätzliche Bezahlung – seit 1776 auch Aufgaben in der Hofbibliothek. Als dafür 1782 endlich eine eigene Stelle geschaffen wurde, erhielt sie ein anderer, obwohl die Systematisierung und Katalogisierung des Buchbestandes allein Reinwalds Verdienst war. In dieser unbefriedigenden Situation verbrachte er die nächsten zwanzig Berufsjahre. Trotz des Titels eines Herzoglichen Rats blieb er unterbezahlt, war frustriert und verbittert. Erst 1802, als sein Konkurrent und Vorgesetzter an anderer Stelle Karriere machte, wurde Reinwald zum Ersten Bibliothekar und schließlich 1805 zum Hofrat ernannt. Sein Jahreseinkommen betrug nun rund 400 Taler; davon 350 Taler 22 Groschen 8 Pfennig an Bargeld und ½ Malter Weizen, 7 Malter Roggen, 3 Malter Hafer, 4 Klafter Buchenholz, 4 Klafter Tannenholz, 25 Pfund Karpfen an Naturalien.

Neben seiner Tätigkeit als Bibliothekar versuchte sich Reinwald mit großer Ausdauer und wechselndem Geschick in Literatur und Wissenschaft. Als Sprachforscher befasste er sich vor allem mit etymologischen Studien, mit althochdeutscher Sprach- und mit Dialektforschung. Er publizierte unter anderem das *Hennebergische Idiotikon*, eine Sammlung mundartlicher Ausdrücke und Redewendungen aus der Grafschaft Henneberg (1793 bzw. 1801). Seine Studien zum *Wessobrunner Gebet* und zum *Hildebrandslied* machten die Brüder Grimm zur Grundlage ihrer Editionen. Reinwalds *Cottonische Evangelien-Harmonie*, die kommentierte Transkription einer Parallelübersetzung der vier Evangelien, blieb ungedruckt. Die umfangreiche Handschrift liefert einen anschaulichen Beweis für Reinwalds akribisches Gelehrtentum. Seine wissenschaftlichen Arbeiten suchten zwar ihresgleichen an Genauigkeit und Gründlichkeit, doch es fehlte ihnen, selbst für die positivistische Wissenschaftsauffassung des 19. Jahrhunderts, an einem umfassenden, über das Detail hinausreichenden methodischen Blick. Dilettantisch blieben auch Reinwalds belletristische Versuche. Seine didaktisch-moralische Lyrik in der Nachahmung von Uz, Hagedorn und Gellert blieb epigonal: zwar formsicher und »gesinnungstüchtig«, aber, trotz gewisser Momente von Komik und Satire, ohne poetischen Ton und Schwung. Dennoch brachte es Reinwald zu einigen literarischen Veröffentlichungen, darunter zwei Gedichtbänden. Das zweifelhafte Glück, Gedichte Reinwalds zu drucken, hatten auch verschiedene Zeitschriften, so Schillers *Thalia* und sein *Musen-Almanach auf das Jahr 1796*. Wie sehr Reinwald sich um Publikationen bemühte, belegen seine Briefe an verschiedene Verlage und Redaktionen. Schiller, der ihn in diesen Aktivitäten mehr oder weniger unterstützt hat, ging später auf Distanz zu Reinwalds literarischer und wissenschaftlicher Produktion. In einem Brief an Goethe vom 25. Juni 1799 beschreibt er ihn als einen fleißigen, nicht ganz ungeschickten Philister »aus einem kleinstädtischen Ort, durch Verhältniße gedrückt und beschränkt, durch hipochondrische Kränklichkeit noch mehr danieder gebeugt; sonst in neuern Sprachen und in der deutschen Sprachforschung, auch in gewißen Litteraturfächern nicht unbewandert«.

Dieser Mann also macht im Alter von 45 Jahren, am 7. Dezember 1782, in Meiningen die Bekanntschaft des dreiundzwanzigjährigen Schiller, der auf der Flucht vor dem württembergischen Herzog auf dem Gut seiner Gönnerin Henriette von Wolzogen im nahe gelegenen Bauerbach Asyl gefunden hat. Die beiden nach Alter, Temperament und Geisteshaltung so unterschiedlichen Männer schließen eine Freundschaft, die nicht nur aus gemeinsamen Interessen, sondern vor allem aus einem Defizit an geistigem Austausch und gleichwertigem geselligen Umgang resultiert. Bei Schiller wird dieses Defizit durch den Zwang, anonym und zurückgezogen zu leben, bewirkt, bei Reinwald ist es Ausdruck einer psychischen Grunddisposition. Der im Zeitalter der Empfindsamkeit verbreitete Freundschaftskult, das Schließen von Seelenbündnissen, die eine andere emotionale Qualität haben als familiäre Beziehungen und die

Ehe, begünstigt die Verbindung. Das empfindsame Sprachrepertoire und die dazugehörigen Herzensergießungen prägen den Briefwechsel. Doch unter dem Freundschaftsideal verbergen sich beiderseits handfeste Interessen. Schiller gewinnt durch Reinwald Zugang zu den Büchern der Hofbibliothek. So kann er seine historischen Studien, unter anderem zu *Don Carlos*, vorantreiben. Und er findet in Reinwald für die Monate seines Exils einen Gesprächspartner, mit dem er seine Ideen erörtern kann. Reinwald wiederum begegnet in Schiller, dem Jüngling mit hochfliegenden Plänen und dem Habitus des Genies, einem revolutionären Lebensentwurf, der zu seinem eigenen im strikten Gegensatz steht. Vielleicht hat er sich von dieser Freundschaft eine Fortsetzung der anregenden Wiener Zeit erhofft, ganz sicher neue, bessere Kontakte zur Literaturgesellschaft, die seiner randständigen Existenz als Stubengelehrter bisher verschlossen war. Jedenfalls entsteht in ihm der Wunsch, sich mit dem Protagonisten dieser neuen Lebenswelt dauerhaft zu verbinden.

Dieser Wunsch verleitet Reinwald dazu, Familienbriefe Schillers zu lesen, die dieser bei ihm hat liegen lassen, darunter auch einen von Christophine. Reinwald schreibt ihr. Damit dringt er in die intime Geschwisterbeziehung ein, setzt sich an die Stelle des Bruders: »Ein besonderer Zufall macht mich so frei, an die Schwester meines Freundes diese Zeilen zu schreiben. Unter etlichen Papieren, die HE D. Sxx nach einem Besuch bei mir liegen laßen, fand ich einen Brief von Ihnen. [...] Ich fand in diesem Briefe, den ich gelesen, und nochmal gelesen und abgeschrieben habe, soviel reifes Denken und soviel herzliche, besorgte Wolmeinung gegen Ihren Herrn Bruder, daß ich mich gefreut habe, und scheue mich nicht, jeden Gedanken, der mir zu seiner Ausbildung oder Glückseligkeit einfällt, mit Ihnen zu theilen. Vielleicht kann ich Ihnen oder Ihren lieben Eltern auch manche Unruhe benemen, die ihnen über die Situazion Ihres Herrn Bruders aufsteigt, und ich werde gerade seyn und nie schmeicheln, weil mich auch die glänzendste Frucht der Schmeichelei nicht verfüren würde, und weil ich überhaupt nicht sonderlich viel von der Zukunft hoffe.« [27. März 1783; DLA.] Reinwald inszeniert sich als väterlich besorgter Ratgeber, vor allem in Schillers chaotischen Finanzangelegenheiten. Der Bruder und Freund steht – zumindest vordergründig – im Mittelpunkt des sich anspinnenden Briefwechsels. Dieser wird – mit ausdrücklicher Billigung des Vaters – fortgesetzt, auch als Reinwald nach Schillers Abreise aus Bauerbach die direkte Verbindung zu ihm verloren hat.

Ende Juni 1784 reist Reinwald nach Württemberg und besucht dabei auch die Familie Schiller auf der Solitude. Schon bei diesem ersten Besuch hält er bei der Mutter um Christophines Hand an. Mitte Juli fährt er gemeinsam mit ihr nach Mannheim, um Schiller wiederzusehen. Dort kommt es zu einer kontroversen Aussprache über Reinwalds Heiratsantrag. Schiller stellt sich offen gegen die Verbindung. Er kennt den Freund gut genug, um die Chancen dieser Ehe realistisch einzuschätzen: Dieser sei in keiner Hinsicht eine gute Partie – nicht nur arm, sondern darüber hinaus auch als Mann unattraktiv, zu alt, permanent kränklich und »hypochondrisch«. Auch Christophines erster Eindruck von Reinwald ist, zumindest nach den *Notizen über meine Familie*, die sie 1845 als Witwe niederschrieb, höchst ambivalent: »seine Persönlichkeit hatte zwar nichts was beim ersten Erscheinen einen angenehmen Eindruck machte, aber seine Unterhaltung war geistreich und wahr – und wir lernten uns an seine Persöhnlichkeit gewöhnen, und er wurde als Freund meines Bruders behandelt; [...] er [...] entdekte meiner Mutter den Wunsch mich zu seiner Lebensgefährtin zu wählen, da er nun überzeugt worden wäre daß ich nicht auf äuseres Ansehen, und glänzende Stellung in der Welt, mich bestrebte und da hofte er daß ich auch in Meiningen im Kreiß edler und sittlicher Menschen mich einheimisch befinden würde. Meine gute Mutter theilte mir diese Erklärung mit, und äuserte dabey, daß sie, und der liebe Vater nichts dagegen hätten, wenn ich mich entschliesen könte R. Wunsch zu gewähren – Das war nun freilich eine ernste Frage, als Freund schäzte ich R. um seiner Rechtschaffenheit und Kenntniße willen, allein in näherer Verbindung, bey der spärlichen Einnahme die er als wahrheitsliebender Mann uns endlich gestand, war doch vieles zu bedenken, auch meine Eltern zu verlasen, den schönen Ort, und so vieles, was ich hernach nie wieder fand«. [*Schiller's Briefwechsel mit seiner Schwester Christophine und seinem Schwager Reinwald*, hrsg. von Wendelin von Maltzahn, Leipzig 1875, S. 345 f.]

Trotz der massiven Verstimmung, die sein Heiratswunsch bei Schiller bewirkt, bleibt Reinwald hartnäckig. Er wiederholt seinen Antrag noch zweimal: »Ich kann nicht dafür, daß ich sie liebe«, rechtfertigt er sich gegenüber Schiller nach der gemeinsamen Mannheim-Reise. »Ich habe keinen Grund finden können gleichgültig gegen sie zu seyn: man sucht sich zu gefallen, man wird sich unvermerkt unentbehrlich, und das ist sie mir, um so mer, da ich an keinem andern weiblichen Geschöpfe mer Geschmack finden kann.« [13. August 1784.] Doch Christophine zögert – sie könne ihre Eltern nicht verlassen, für deren Hauswirtschaft und Pflege sie sich verantwortlich fühle. Im Rückblick, als nach dem Tod der Mutter die Ehe mit Reinwald noch einmal zur Disposition steht, äußert sie sich gegenüber ihrem Bruder deutlicher über ihre damalige Lage: »Ohne Vermögen und andere Vorzüge hatte ich kein Recht auf eine beßere Versorgung zu hoffen – Unsere Männer dort waren fast alle die ich kenen lernte nur für Reichthum oder für sinnliche Vorzüge denen ich nie hätte Gnüge leisten können – ich wünschte Liebe, nicht Sinnlichkeit. [...] Meine Begriffe von Liebe waren wohl zu idealisch als daß sie je realisirt werden konten«. [15. Dezember 1802.]

Schließlich schaltet Reinwald den Meininger Hofprediger Johann Georg Pfranger, mit dem er gut bekannt ist und der auch Schiller aus dessen Bauerbacher Zeit kennt, als Verbündeten ein. Und dieser argumentiert christlich-patriarchalisch für die wenig attraktive Verbindung. Er stellt sie als einen Akt christlicher Nächstenliebe dar, als ein »Opfer«, das für einen schwierigen Mann zu bringen zu den natürlichen Pflichten einer Frau gehöre. Auch Caspar Schiller, der seine Tochter endlich versorgt sehen möchte, spricht sich – mit einigem Wenn und Aber – für die Heirat aus. Doch Christophine bleibt weiter unentschlossen. Ihre Briefe an den Bruder deuten an, wie unglücklich sie über die Entwicklung ist, die mit der Mannheimer Reise ihren Anfang nahm: »Überhaubt wünscht ich, so sehr ich auch auf der einen Seite gewonnen habe, Dich wieder zu sehen, daß ich die Reise nach Mannheim nie gemacht hätte, häufte mir nur dardurch mehr Kumer auf meine Seele, die ohnehin so niedergedrükt ist.« [24. November 1784.] Der Brief lässt im Unklaren, was genau die junge Frau als Quelle ihres Unglücks ansieht: Ist es die nähere Bekanntschaft mit Reinwald und dessen Heiratsantrag, der eine Entscheidung verlangt? Ist es ihre bedrängte Lage auf der Solitude, die ihr durch die Reise nach Mannheim, in ein anderes, offeneres Milieu, erst so recht bewusst geworden ist? Ist es die Einsicht, wie begrenzt ihre Möglichkeiten sind? Der Briefwechsel, der gerade in dieser konfliktreichen Phase wohl nicht vollständig erhalten ist, gibt darüber keine Auskunft. Nichts Näheres weiß man auch über ein gut gehütetes »Geheimnis« aus dieser Zeit, wenn es ein solches denn überhaupt gegeben hat. Es betrifft einen Mitbewerber um Christophines Hand, einen Obristen von Müller aus Stuttgart. Auf der Rückseite eines von Christophine aquarellierten Porträts des Obristen, im Werbungsjahr 1784 auf der Solitude entstanden, hat die Nichte Emilie von Gleichen-Rußwurm notiert: »Dieser wollte Tante Reinwald heirathen.« [DLA.]

Im September 1785 fällt die Entscheidung: Christophine verlobt sich, zur Überraschung ihrer Umgebung, mit dem unattraktiveren der beiden potenziellen Kandidaten. Sie hat sich – übereinstimmend mit den sittlichen Kriterien von Kirche und Gesellschaft – entschlossen, die Pflichten gegenüber den Eltern mit denen gegenüber ihrem künftigen Mann einzutauschen. Der Bruder, der diese Opferrolle kritisch sieht, reagiert zunächst gekränkt: »Da Du mir Deinen gefaßten

Entschluß wegen Rheinwald nur bloß historisch hast melden laßen, nachdem eure Verlobung vorbei ist, so solte ich freilich vermuthen, daß Dir an meiner Bestätigung nicht sonderlich viel gelegen seyn werde. [...] Wie dem auch sei – die ganze Sache ist nun entschieden, und ich habe Dich biß jezt noch so wenig auf Uebereilungen überrascht, daß ich in die überlegte Klugheit Deines Entschlußes nicht das mindeste Mistrauen seze. [...] Du kennst ihn, und bist also auf alles vorbereitet, was unvermeidlich sein wird, und wirst Dich in das zu finden wißen, was Dich nicht mehr überraschen kann. Er wird das Opfer schäzen, was Du ihm gebracht hast [...] und mit der nämlichen Wahrheit, und Offenherzigkeit, womit ich alle meine Einwendungen gegen Deinen künftigen Mann zu verantworten mich erbiete, gebe ich jetzt meinen brüderlichen Seegen zu eurer Vereinigung. Mache ihn so glüklich, meine Liebe, als Du verdienst, es durch ihn zu werden. [...] Einst meine gute Schwester, wiegte sich mein Herz mit glänzenden Hoffnungen für Deine und Deiner Schwestern Glükseligkeit. – Meine Entwürfe sind demütiger worden, aber ich gebe noch keinen einzigen auf.« [28. September 1785.]

Schillers Idealvorstellungen richten wenig aus gegen die glanzlose Lebensrealität, mit der sich seine Schwester konfrontiert sieht. Am 22. Juni 1786 heiraten Christophine und Reinwald in der Dorfkirche zu Gerlingen, der Gemeinde, zu der die Solitude gehört, still und bescheiden, wie es ihren Verhältnissen und ihrer Zukunft entspricht. Die Hochzeit dürfte – zumindest für die Braut – mehr ein Opfergang denn ein Freudenfest gewesen sein. Christophine erhält von ihrem Vater eine Aussteuer im Wert von rund 300 Gulden, womit der Ehemann zufrieden ist. Am 4. Juli kommt das Paar in Meiningen an und lebt dort bis zu Reinwalds Tod in ein und derselben Wohnung zur Miete. Diese zweite Phase in Christophine Schillers Leben dauert genauso lang wie die erste, das Leben im Elternhaus: 29 Jahre.

Ehejahre

Das Leben in Meiningen, gebunden an einen Partner, der sich bald als Haustyrann entpuppt, verläuft, zu Christophines größtem Leidwesen, weitgehend ereignislos. Diese Ereignislosigkeit, die den Kummer über Reinwalds mürrisches, ungeselliges Wesen, seinen Geiz und die Enge der Verhältnisse potenziert, ist neben den obligatorischen Familiennachrichten und Gesundheitswünschen – bei aller anfänglichen Beschönigung – ein Dauerthema ihrer Korrespondenz. In einem ausführlichen Brief berichtet Christophine dem Bruder nach der Heirat über ihr neues Leben: »Von unserer Reise hieher, unserer Zufriedenheit und Einrichtung [...] kan ich Dir die angenehme Nachricht geben, daß wir einander verstehen und uns lieben und schäzen; unsere Bedürfnisse sind bederseidig, nicht zur Ausschweifung gewönt, und lernen sich also so gut als möglich nach unseren Einnahmen bequemen«. [6. Oktober 1786.] Reinwald dagegen stellt dieses desillusionierende Leben als ein erfülltes Dasein dar: »Meine Frau hat jeden Tag 2 Lerstunden, früh und abends eine. Von diesen partizipiren 5 Scholaren unter denen auch ein junger Graf, der Enkel eures ehmaligen Würtenbergischen Pre-

links Aurikel (Primula auricula). Aquarell von Christophine Reinwald.

mierministers ist [...]. Abends nach Tische wird eine gute Reisebeschreibung oder ein Schauspiel von Schäkespear gelesen. Zweimal in der Woche besucht uns eine Schweizer-Französin, eine liebenswürdige Person, der meine Frau ganz zugethan ist und da wird Französisch studirt. Gemeiniglich bleibt dieses Frauenzimmer, die eine große Sprachen Liebhaberin ist, länger als eine Stunde und dann les' ich den Englischen Milton mit ihr. Auch widme ich wöchentlich noch einige Stunden der französischen Lektür meiner Frau. Ihre übrige Zeit ist zwischen Haushaltung und Zeichnen getheilt.« [12. November 1786.]

Meiningen ist damals ein Landstädtchen von wenig mehr als 2000 Einwohnern, dessen gesellschaftliches Leben fast ausschließlich von seiner Funktion als Residenzort geprägt ist. Die ländliche Atmosphäre schildert Christophine in einem Brief an ihre Schwester Louise: »Es ist vieles Wiesgrund um Meiningen, und sehr viel Vieh, die Heerden werden ausgetrieben, zu jedem Thore eine, das gefällt mir so wohl; [...] Zuerst kommen die Gänseheerden, es hat über 1000 Gänse, die durch die 3 Thor getrieben werden, die haben ihren eigenen Plaz, wo sie weiden dürfen; dann kommen die Ziegen, deren einige Hundert sind; jedes Arme und viele Wohlhabende halten Ziegen.« [2. Juli 1823; *Die letztwilligen Aufzeichnungen der Frau Christophine Reinwald, Schillers Schwester*, hrsg. von Ernst Koch, Hildburghausen 1925, S. 41. Im Folgenden zit. als: *Aufzeichnungen*.]

Kontakte zum Meininger Hof, vor allem die zur Herzogin Luise Eleonore, die von 1803 bis 1821 für ihren minderjährigen Sohn Bernhard die Regierungsgeschäfte führt, verschaffen Christophine immerhin eine gewisse Abwechslung vom täglichen Einerlei und einen kleinen Handlungsspielraum außerhalb der Ehe. Ihre Besuche in Meininger Adelshäusern und die wenigen Gegeneinladungen, die ihre finanziellen Verhältnisse und Reinwalds Geiz erlauben, nehmen in Christophines Briefen einen breiten Raum ein. Mit welcher Verehrung, ja Devotion sie den Angehörigen der höheren Stände begegnet, zeigt ein Bericht an Charlotte Schiller über ihre Beziehung zur Fürstin Marie Louise Wilhelmine von Wied-Neuwied, die ihr für ein kleines Porträt saß: »Stelle Dir die außerordentliche Güte vor: sie kam selbst zu mir und hielt sich immer etliche Stunden ganz allein bei mir auf; während daß ich an ihr malte, sagte sie mir Gedichte aus dem Gedächtniß vor, viele von ihren eigenen. – Du wirst Dir vorstellen, liebste Schwester, welche festlichen Stunden das für mich waren; auch that sie mir die Ehre an, eine Tasse Kaffee bei mir zu trinken.« [6. Juni 1799; *Beziehungen*, S. 266 f.]

Die Meininger Herzogin vermittelt Christophine Schülerinnen und Schüler für die kleine »Zeichenakademie«, die sie in ihrer Privatwohnung betreibt. Diese Lehrstunden werden für Christophine zu einer Zuflucht in ihrem öden Ehealltag. Mit den Einkünften aus dem Zeichenunterricht bessert sie zudem das karge Familieneinkommen auf. Nach Reinwalds Tod, als finanziell endlich besser gestellte Witwe, gibt Christophine weiterhin, nun unentgeltlich, Zeichenunterricht für die besseren Kreise. Das Zeichnen gehört zu den Tätigkeiten, mit denen sie sich schon von Jugend an beschäftigt hat und beschäftigen durfte. Die Anregung dazu erhielt sie wohl schon in ihrer Ludwigsburger Mädchenzeit von der Nachbarstochter Ludovike Reichenbach, späteren Simanowiz. Ludovike hatte das Glück, durch die Kontakte ihres bei Hof einflussreichen Onkels in Stuttgart zur Malerin ausgebildet zu werden – eine Förderung, wie sie Christophine in ihrer Umgebung mehrfach beobachten konnte, so auch bei der Pianistin Regine Voßler, die in Notzeiten sich und ihren Vater durch Klavierunterricht ernährte. Mit Ludovike Simanowiz ist Christophine bis zu deren Tod befreundet. Mit ihr tauscht sie sich über technische Fragen des Zeichnens aus, an ihrem Werk schult sie ihren Stil, und am Vorbild der Freundin misst sie, durchaus selbstkritisch, die Qualität ihres eigenen künstlerischen Schaffens: »ich denke wenn ich es nur einmal so weit wie meine Ludovike bringen könnte allein dazu habe ich keine Hofnung«, schreibt sie an Ludovike Simanowiz [5. Juli 1788; DLA], und wenig später an die Schwägerin Charlotte: »Zeichnen Sie auch noch zuweilen, meine Liebe? [...] Geht es Ihnen denn auch zuweilen so, daß Sie Aufmunterung nöthig haben, wie mir? [...] ich bin noch so weit, weit von dem Ziel, das ich mir gesetzt habe und das ich nie werde erreichen können.« [20. September 1790; *Beziehungen*, S. 223 f.]

Christophine Reinwalds künstlerische Produktion erschöpft sich meist in der Nachahmung, im Kopieren. Dies beschreibt sie in einem der ersten Briefe an den Bruder nach dem Umzug nach Meiningen: »Meine Beschäftigung ist ausser den gewöhnlichen Häuslichen, Zeichnen, und lesen. Ich gehe fleißig mit in die Bibliothek und manigmal in Kupfersamlung an beden Orten finde ich Gegenstände vor meine Vergnügen; die hiesige Kupfersammlung ist ausgesucht und zahlreich von den Vortreflichsten Künstlern; ich habe die Freiheit sie nach meinem Gefallen zu besuchen und mir auch welches zum Copiren zu wählen.« [6. Oktober 1786.] Tatsächlich zeichnet Christophine Reinwald vor allem Pflanzen und Figuren nach illustrierten Botanikwerken und Kostümbüchern der Zeit. Erhalten sind auch zahlreiche Zeichnungen nach Stichen von berühmten Gemälden und nach Almanachkupfern, darunter Kopien von Radierungen Rambergs zu Schillers *Glocke*. Bei eigenständigen Arbeiten bevorzugt sie Blumenstillleben und Porträts. Beide Gattungen haben einen hohen Gebrauchswert als Geschenke. Die Porträts werden oft in mehreren Varianten angefertigt, auch als Miniaturen für Anhänger und Broschen. Christophine stellt ihren Bruder und ihre Schwestern dar, später die Neffen und Nichten, meist mit dem Bleistift und oft im Profil, der technisch einfachsten Position. Außerdem finden sich einige Interieurs aus dem familiären Milieu und schlichte Ortsansichten. Generell beschränkt sich Christophine Reinwald auf das Zeichnen und Aquarellieren, meist in kleinerem Format. Die Ölmalerei hat sie sich als reine Autodidaktin nach eigenen Aussagen nicht zugetraut. Sie sei »allzu schwer um vor sich zu lernen«, bekennt sie ihrer

Freundin Ludovike. [5. Juli 1788; DLA.] Da Ölfarben teuer waren, könnte diese Abstinenz aber auch eine Kostenfrage gewesen sein. Ein eigener Stil ist in Christophine Reinwalds Arbeiten nicht zu erkennen. Sie bleiben konventionell, den gängigen klassizistischen oder – bei den späten Porträts – biedermeierlichen Bildtraditionen ihrer Zeit verhaftet. Die Qualität ihres Œuvres entspricht im Wesentlichen der für Frauen ihrer Schicht üblichen Freizeitkunst. »Sie wusste ihre Gestalten zu beseelen, aber nicht zu verkörpern«. Dieses Urteil der Zeitgenossen, das Constantin Ackermann in seinem Nachruf *Züge aus dem Lebensbild der Frau Hofräthin Reinwald geb. Schiller* [Meiningen 1847, S. 6 f.] zitiert, hat bis heute Bestand. Immerhin ist das Zeichnen für Christophine Reinwald eine der wenigen Möglichkeiten, schöpferisch tätig zu sein. Hier findet sie einen gesellschaftlich akzeptierten Freiraum, in dem sie trotz der Zwänge ihrer Sozialisation und der Enge ihrer Lebensverhältnisse zumindest Ansätze von Persönlichkeit und Individualität entfalten kann.

Ein weiterer Freiraum, wenn auch ganz anderer Art, eröffnet sich den Reinwalds in den beiden Berggärten, die sie 1793 erwerben. Sie lagen am nordwestlichen Berghang über der Stadt, oberhalb der heutigen »Unteren Kuhtrift«. Ein eigener Garten, verstanden als idyllischer Ort außerhalb der Enge kleinstädtischer Wohnverhältnisse und höfischer Etikette, hatte in der Goethezeit und während des ganzen 19. Jahrhunderts eine große ideelle Bedeutung, aber auch hohen Freizeit- und Gesundheitswert. Das belegen prominente Beispiele. Ob bei Goethe in Weimar oder bei Schiller in Jena, dem Gartenhaus kommt in der privaten und literarischen Existenz – als Ort für Entspannung und literarische Produktivität – eine wichtige Funktion zu. Im Leben der Reinwalds hat der Garten darüber hinaus auch praktische Bedeutung. Denn der eigene Obst- und Gemüseanbau trägt nicht unerheblich zur Senkung der Haushaltskosten bei. »Unsre Berge machen [sich] ziemlich, das grüne Gemüß ausgenommen. Das Berghäußchen das Ihr gesehen habt, ist nun ausgebaut. Es gefällt mir freilich wenig, denn es fehlt die gute Anlage, die der Zimmermann vermuthlich nicht hat leisten können. Doch wenn es auch nie schön wird, so gewährt es doch die Hauptzwekke: vor Wind, Wetter u. Sonnenhitze zu decken und die beste Aussicht im Garten zu gewähren. Sage Deiner lieben Frau, was die Fruchtbarkeit beträfe, so hätten wir zwar in diesem Berge eine leidliche Kirschen-Ernte gehabt, aber nicht den 3ten Theil von der im andern Berge, den Ihr nicht kennt. Im gleichen Verhältnis haben wir [...] Birn u. Zwetschgen zu hoffen. Auch bekomm ich einige Trauben, die schon fast ihre gehörige Größe haben u. gewiß im September reif sind.« So schreibt Reinwald seinem Schwager, der damals selbst noch nicht Gartenbesitzer war. [22. Juli 1794] Schiller hatte die Reinwalds kurz zuvor mit Frau und Kind in Meiningen besucht. Dabei soll er sich im Berghäuschen – so der Bericht von Besuchern aus der Zeit nach Christophines Tod – mit einer Zeichnung auf der Tür eines Wandschranks verewigt haben.

1794 wird der Obstbaumbestand erweitert. Vater Schiller trägt dazu einige besonders edle Apfel- und Birnbaumstecklinge aus seiner Baumschule bei, mit genauen Anweisungen zu Pflanzung und Pflege. Diese Bäume haben für die Reinwalds neben dem praktischen Nutzen auch große emotionale Bedeutung. Christophine hält sie als Geschenke des Vaters und als Erinnerung an das Leben daheim auf der Solitude in Ehren und dokumentiert ihre ersten Früchte 1805, im Todesjahr des Bruders, in kleinen Aquarellen. Für Reinwald geht der Symbolwert der Bäume noch darüber hinaus, wie er Schiller gesteht: »Diese Bäume nun müßen meine Nachkommenschaft ausmachen, da ich leider keine LeibesErben habe, auch werde ich sie wie meine Kinder pflegen, zu welchem Ende ich ihre Diät mehr u. mehr studire.« [14. Oktober 1795.] Nach dem Tod ihres Mannes hat Christophine den Berggarten verkauft, sich jedoch bis ins hohe Alter ein Zugangsrecht ausbedungen.

Thema Nummer Eins in Christophines Briefen bleiben während der gesamten Dauer der Ehe die Geldsorgen. Dass die junge Ehefrau bereit ist, sich in die engen Verhältnisse zu schicken, die sie in Meiningen erwarten, versteht Reinwald, darin Vater Schiller nicht unähnlich, als günstige Voraussetzung für ihre Ehe: »Gut ist es nur daß sie nicht alle Tage Burgunder verlangt«, schreibt er bald nach der Hochzeit an den Freund und Schwager. [5. Oktober 1786.] Doch hat seine extrem haushälterische Art Christophine um alles gebracht, was einen Ausgleich zur Eintönigkeit des Alltags hätte schaffen können: vor allem um ein geselliges Leben. Das wagt sie erst nach dem Tod ihrer Eltern direkt auszusprechen. Ihrem Bruder schreibt sie: »Wenn nur mein Mann mehr Sinn für Freundschaftliche und Gesellige Freuden hätte ich wolte ihm gern seine übrigen Eigenheiten übersehen. aber da muß ich mich fast von jeder Gelegenheit zurükziehen weil er nicht gern dergleichen erwiedert – und das macht gewiß oft bey manchen Menschen, die mein Verhältniß nicht kenen [...] einen unfreundlichen Eindruk [...]. Ich opfre mich unzählige mal auf, ohne daß ers nur andet daß es mich etwas kostet – Doch wir Weiber sind einmal zur Abhängigkeit bestimmt, und mehr oder weniger müßen wir uns daran gewöhnen lernen.« [21. Mai 1802.]

Als Abwechslung hochwillkommen sind da eigene Reisen und Besuche von außerhalb, damals kostspielige und deshalb seltene Vergnügungen. Ein einziges Mal, 1789, besuchen die Reinwalds Christophines Elternhaus auf der Solitude. Nur zweimal findet der ansonsten so reisefreudige Schiller den Weg zu den Reinwalds in Meiningen, sehr zum Leidwesen seiner Schwester: im November 1787, als ein Treffen mit den Wolzogens in Bauerbach sein eigentliches Ziel ist, und im Mai 1794, auf der Rückreise aus Stuttgart, mit Charlotte und dem achtmonatigen Carl. Immerhin dreimal, im Juli 1793, im Juni 1799 und im Juni 1804, treffen die Reinwalds Schiller und seine Frau in Jena und Weimar. Nur ein einziges Mal ist das Ehepaar räumlich getrennt: 1796, als Christophine für mehr als drei Monate zurück ins Elternhaus geht, um die Familie während der Fieberepidemie zu pflegen. Reinwald gibt die Erlaubnis, die nötig war, damit seine Frau allein reisen konnte, erst nach Schillers Intervention und verbietet Christophine nach ihrer späten Rückkehr ein für alle Mal, Meiningen ohne ihn zu verlassen. Damit hat die Ehe ihren Tiefpunkt erreicht. Diese Entwicklung war absehbar. Schon in einem Brief vom 20. September 1790 hatte Christophine der Schwägerin Charlotte gegenüber ihr schlechtes körperliches Befinden seit der Übersiedlung nach Meiningen beklagt: »Ueberhaupt glaube ich, daß das hiesige Klima nicht so zuträglich für meinen Körper ist, als das, worinnen ich geboren und erzogen bin; meine Natur hat sich auch sehr geändert, und ich fühle jetzt Beschwerlichkeiten, von denen ich in meinem Leben nichts gehabt habe, und meine Lebensart, die äußerst einfach ist, kann unmöglich Schuld daran sein.« [*Beziehungen*, S. 222.] Der Zusammenhang, der hier zwischen heimatlichem und fremdem »Klima« einerseits und dem individuellen körperlichen Wohlbefinden andererseits hergestellt wird, lässt auch auf einen wenig bekömmlichen psychischen Klimawechsel schließen.

Eine Änderung zum Besseren brachte erst der Tod von Christophines Mutter 1802. Er machte sie durch ein kleines Erbe finanziell unabhängig, das ihr prinzipiell die Möglichkeit eröffnete, sich von Reinwald zu trennen. Im Briefgespräch mit dem Bruder setzt sich Christophine jetzt offen mit ihm über ihre Ehe auseinander: »Du hast freilich recht liebster Bruder daß ich in der ersten Zeit meinem Manne zu viel nachgegeben habe und ich kann es nicht hinlänglich entschuldigen. Nur dieß Einzige erlaube mir daß, da ich einmal einfältig genug war den Ersten Schritt zu thun ich es für eine nothwendige Folge deßelben hielt, alles zu vermeiden was Auffallende Auftritte veranlaßen könnte; sonst hätten wir uns im ersten Jahr wieder getrent. Da aber diese Trenung mir durch den Gedanken wieder in die unangenehme Verhältnißen auf die Solitude zurück zu kehren mir unerträglich war und mir von zwey Uebeln das beßere immer noch meine gegenwärtige Lage schien so litt ich in der Stille die Folgen derselben. [...] so könte ichs nie, nach meiner Art zu empfinden bey mir selbst verantworten ihn zu verlaßen […], wer würde sich seiner annehmen, wenn ich ihn verliese? Aber den Ton habe ich gleich nach der seligen Mutter Tot zu ändern angefangen, und glaube nie daß ich mir das alles hätte gefallen laßen wenn ich einige gewiße Aussichten auf einiges Vermögen gehabt hätte? […] Ich habe ihm längst schon gesagt daß ich, im Falle er mich so unbillig behandeln würde einen Zufluchtsort bey Dir finden würde […]. Dies machte einen entsetzlichen Eindruck auf ihn, und die Thränen stunden ihm in den Augen. Und ich habe bey dieser Gelegenheit gesehen daß ihn meine Trenung von ihm so angreifen würde daß er sterben könte, und seinen frühern Tod auf mein Gewißen zu laden bin ich nicht stark genug«. [15. Januar 1803.] Noch immer wird Christophines Verhalten von den Grundsätzen eines tradierten, christlich begründeten Verständnisses der Geschlechterrollen geleitet. Mit der neuen finanziellen Unabhängigkeit ist aber ihre innere Freiheit gewachsen: »jetzt bin ich auch viel zufriedener und ruhiger weil ich mich auf einen festern unabhängigeren Fuß sezen kann das ich ehmals, da ich den Zuschuß vom Elterlichen Vermögen nicht hatte nicht konte. […] jezt kann ich mir durch eine beßre Einrichtung in meinem Hauswesen auch mehr Thätigkeit und also auch mehr Zufriedenheit mit mir selbst geben.« [11. Januar 1804.] Die Situation entspannt sich weiter, als Reinwald endlich zum Ersten Bibliothekar und zum Hofrat ernannt wird. Das Ehepaar nimmt eine verwaiste Nichte Reinwalds bei sich auf, und 1815, im Jahr seines Todes, kauft Reinwald ein kleines Haus in der Nähe des Schlosses als Witwensitz für seine Frau. So endet diese schwierige Ehe nicht, wie zu erwarten, in Resignation und Depression, sondern mit einem versöhnlichen Ausklang.

Die Witwe

Witwen und unverheiratete Frauen haben es nicht leicht in der patriarchalischen bürgerlichen Gesellschaft des 18. und 19. Jahrhunderts. Die Rolle der Frau ist noch immer auf die Ehe fixiert. Frauen, die dieser Norm nicht entsprechen, werden weitgehend ausgegrenzt. Die Gesellschaft ist – anders als bei Männern – nicht bereit, der als ›unnatürlich‹ verstandenen Ehelosigkeit von Frauen einen festen Ort zuzuweisen und ihnen durch Erwerbstätigkeit eine gewisse Selbständigkeit zu ermöglichen. Nur Töchter wohlhabender Bürger und Adliger werden, zum Beispiel als Stiftsdamen, mit einer Grundversorgung ausgestattet. Als ›überflüssiges Glied der menschlichen Gesellschaft‹ gelten auch die Witwen. Der Tod des Mannes bringt Frauen, da eine geregelte Versorgung durch Renten selten ist, in eine Situation verstärkter Abhängigkeit. Sie fallen ihren Familien oder dem Gemeinwesen zur Last. Nur Frauen, die finanziell ausreichend versorgt sind, können im Witwenstand eine gewisse Freiheit und Selbstentfaltung erreichen. Zu ihnen zählt Christophine Reinwald. Mit dem Tod ihres Mannes am 7. August 1815 beginnt für sie eine neue Existenz. Als gesellschaftlich anerkannte und

links Stiefmütterchen (Viola tricolor). Aquarell von Christophine Reinwald.

materiell gesicherte Hofratswitwe kann sie – immer im Rahmen der gesellschaftlichen Normen – nun erstmals nach eigenen Bedürfnissen leben und handeln. Vom Meininger Hof erhält sie eine jährliche Rente von zunächst 50 Talern; davon 33 Taler als Bargeld und dazu 2 Malter Roggen, 2 Klafter Buchenholz, 2 Klafter Tannenholz als Naturalien. Das ist wenig, aber ausreichend für das genügsame Leben, an das Christophine gewöhnt ist. Zusätzlich profitiert sie von dem kleinen Kapital, das sie beim Tod der Mutter geerbt und zum Teil bei der Schwester Louise angelegt hat. Christophines Geschäfte führt ein von Reinwald bestellter Vormund, dessen Nachkommen sie in ihrem Testament dankbar bedenkt. Später übernimmt sie ihre finanziellen Angelegenheiten selbst. Die Witwenzeit ist – mit 32 Jahren – die längste Periode in Christophine Reinwalds langem Leben.

Christophine übersiedelt zunächst, gemeinsam mit Reinwalds Nichte, in das Häuschen in Schlossnähe, das ihr Mann als Alterssitz für sie erworben hat. Doch es zieht sie, da sie endlich die Freiheit hat, zu reisen, heim nach Schwaben. Hier versucht sie schon im Jahr nach Reinwalds Tod, ihr Leben neu zu orientieren. Sie plant sogar, ganz in die schwäbische Heimat zurückzukehren, am liebsten in die unmittelbare Nähe der Schwester Louise. Das Pfarrhaus von Möckmühl ist denn auch die erste Station der Rückkehr. Doch dieses neue familiäre Zusammenleben lässt sich, folgt man Christophines Briefen, nicht verwirklichen. So mietet sie sich nach kurzer Zeit in ihrem Geburtsort Marbach ein und aktiviert die Beziehung zu Pastor Friedrich Reichenbach und seiner Schwester Johanne im benachbarten Erdmannhausen. Hier trifft Christophine in zwangloser Geselligkeit auch wieder mit ihrer Jugendfreundin Ludovike zusammen. Deren Mann und große Liebe, der Hauptmann Franz Simanowiz, ist seit 1799 durch einen Schlaganfall stark behindert. Ludovike pflegt ihn 20 Jahre lang und trägt, da seine Pension nicht ausreicht, durch Zeichenunterricht und den Verkauf ihrer Bilder wesentlich zum Lebensunterhalt bei. Trotz der verwandtschaftlichen und freundschaftlichen

Beziehungen fühlt sich Christophine auch in Marbach letztlich einsam. Sie sinnt ein weiteres Mal auf Veränderung. Bei einem Kuraufenthalt in Bad Cannstatt freundet sie sich 1821 mit einer jüngeren Witwe, Frau von Langen, an und zieht zu ihr nach Stuttgart. Der Schwägerin berichtet sie am 5. April 1822: »Mit dieser Frau nun glaubte ich es auch wagen zu können, hier zusammen zu leben, und ich werde mit jedem Tag überzeugt, daß ich recht gut gethan habe; denn man kann ganz leben, wie man will. Unsere beiderseitigen Glücksverhältnisse gebieten uns, nichts mit zu machen, das über unsere Kräfte ist; [...] dennoch fehlt es uns nicht an Freunden, die uns mit Liebe und Theilnahme entgegen kommen.« [*Beziehungen*, S. 360.] Auch in Stuttgart pflegt Christophine alte und neue Frauenfreundschaften. Ihr Häuschen in Meiningen, dessen enge, feuchte Stuben sie für die Ursache ihrer körperlichen Beschwerden hält, hat sie schon 1817 verkauft. Damit scheint die Abkehr von Meinigen besiegelt.

Doch es kommt anders. Im Sommer 1822 lädt Christophine eine wohlhabende Meininger Bekannte, Luise Heim, zu sich nach Stuttgart ein. Auf deren Kosten unternehmen die beiden Frauen, wie es damals Mode ist, eine Reise in die Schweiz, nach Schaffhausen und Zürich. Dabei vertieft sich ihre Freundschaft, und Christophine entschließt sich noch im Herbst desselben Jahres, mit Luise Heim nach Meiningen zurückzukehren, auf immer. Die schwäbische Heimat, auf die sich ihre Wünsche und Sehnsüchte während der langen Ehejahre stets gerichtet hatten, war ihr fremd geworden. Maßgeblich für Christophines Entscheidung sind Fragen der materiellen Grundsicherung und der künftigen Lebensqualität. Zum einen fürchtet sie, ihre Witwenrente zu verlieren, wenn sie sich auf Dauer außerhalb des Meininger Territoriums aufhält. Kurz nach ihrer Rückkehr schreibt sie der Schwester, daß »die Pensionen nicht mehr aus dem Lande gegeben werden«. [26. Juli 1823; *Aufzeichnungen*, S. 42.] Zum anderen steht Christophine durch die Beziehung zu Luise Heim und ihrer in Meiningen sehr renommierten Familie ein neuer Zugang zu einer geistig interessierten Gesellschaft offen. Zum Dritten schließlich, und das dürfte den Ausschlag gegeben haben, ist es der soziale Status, der ihr Leben in Meiningen trägt: als Witwe des Hofrats Reinwald und – mehr noch – als Schillers Schwester. »Ich kann Dir nicht genug sagen, liebste Schwester, wie Gottes Vorsehung mir so viele unverdiente Freuden noch schenkt [...]. Da wir doch nicht zusammen an einem Orte leben konnten, Du weißt es ja, so ist kein anderer Ort in der Welt, wo ich zufriedener und lieber seyn könnte, als unter den vielen treuen Freunden, die nach allen Theilen für mich sorgen; sie streiten sich unter einander, wo ich hinziehen soll, eine jede will haben, daß ich zu ihr ziehe [...]. Jetzt solltest Du mich sehen, in welcher Umgebung ich lebe und welche Ehre und Liebe mir Alle, Hohe und Niedere, erweisen. [...] Denke nur, sogar die Herzogin ließ mir sagen, daß es sie freute, daß ich mich entschlossen hätte, hier zu bleiben und ich sollte sie zuweilen besuchen.« [18. Februar 1823; ebd., S. 38.] In Meiningen lebt Christophine zunächst bei Luise Heim, mietet sich dann ab April 1823 im »Steinernen Haus« bei einer Verwandten Reinwalds ein und 1827, nach deren Tod, im Erdgeschoss des Hauses der Posamentierfamilie Adam. 1832 zieht sie wieder zu Luise Heim und bleibt dort bis zu ihrem Tod. Über ihr Leben im »Steinernen Haus« berichtet Christophine ihrer Schwester Louise: »Meine Wohnung, die aus einer schönen Stube, die hoch ist, einer Stubenkammer, einem Cabinetchen und Vorstübchen besteht, ist sehr hell und gesund, die Magd im Hause besorgt mir meine Aufwartung und ist sehr gutmütig und höflich. An den Wochen-Tagen koche ich mir selbst, was ich mag, und an den Sonntagen, weil ich gern in die Kirche gehe, habe ich die Kost bey meiner Hausfrau und esse mit ihr, das sehr angenehm ist. [...] Louise hat mir in ihrem Garten, der auch nicht weit von meiner Wohnung ist, ein Stück Land überlassen, das ich für mich angesät und bepflanzt habe. [...] Wir Frauen sind fast alle Abende beysammen und plaudern miteinander, so geht die Zeit angenehm hin, und wenn eine von uns krank ist, so sorgt die andere für sie.« [2. Juli 1825; ebd., S. 40.]

Frauenfreundschaften, die in manchem an heutige Senioren-Wohngemeinschaften erinnern, stehen in den letzten Jahrzehnten im Zentrum von Christophines Leben. Sie bestimmten die Versuche, wieder in Württemberg Fuß zu fassen, die Rückkehr nach und das Leben in Meiningen. Männer kommen außerhalb des familiären Umkreises als persönliche Bezugspersonen kaum vor. Freie, die gesellschaftlichen Verhaltensnormen überschreitende Beziehungen zum anderen Geschlecht schicken sich nicht für die rechtschaffene, gottesfürchtige Bürgerin, als die Christophine sich versteht. Darin unterscheidet sich ihr Selbstverständnis grundsätzlich von dem der adligen Frauen, das sie im gesellschaftlichen Umkreis ihres Bruders, bei Caroline von Wolzogen, Charlotte von Stein oder Charlotte von Kalb, aus der Ferne hat beobachten können. Und es unterscheidet sich erst recht vom revolutionären Selbstverständnis der Romantikerinnen, die das Recht auf Individuation theoretisch einfordern und – mit wechselndem Erfolg – auch praktisch zu verwirklichen suchen.

Die Beziehung zu Luise Heim nimmt unter Christophines Altersfreundschaften den ersten Rang ein. Das Haus der Familie Heim ist in Meiningen und darüber hinaus als Intellektuellen- und Künstlertreffpunkt bekannt. Auch Jean Paul verkehrte dort. Ein Onkel, Ernst Ludwig Heim, war Leibarzt der Königin Luise von Preußen und renommierter Berliner Armenarzt. Der Vater, Johann Ludwig Heim, war Theologe und Geologe. Von ihm stammt unter anderem die erste *Geologische Beschreibung des Thüringer Waldgebirges* [2 Bde., Meiningen 1796/99]. Luise, wohl sein einziges Kind, lebt, als Christophine sich mit ihr anfreundet, allein. Sie ist 26 Jahre jünger, verwaist und unverheiratet, als Stiftsdame jedoch materiell und sozial versorgt. Womöglich hat der Altersabstand beide an frühere Familienkonstellationen erinnert und diese wiederbelebt: Luise könnte in Christophine eine Ersatzmutter gefunden haben, Christophine in Luise eine jüngere

Schwester, der gegenüber sie die ihr vertraute Rolle der älteren wieder besetzen kann.

Am Anfang der folgenreichen Freundschaft steht ein sehr persönlicher und freundschaftlicher Brief Luises aus Liebenstein im Thüringer Wald, wo sie, die chronisch Kränkliche, sich regelmäßig zu Kur und Erholung aufhält. Auf weiten Wanderungen geht sie hier den vom Vater übernommenen Interessen an Geografie und Geologie nach. Die beiden Landschaftsmotive, mit denen sie ihren Brief illustriert, lassen eine gewisse zeichnerische Schulung der Verfasserin erkennen. Luise beschreibt zunächst ihre abenteuerlichen Unternehmungen als Frau ohne männliche Begleitung. Das melancholisch gestimmte Gegenstück bildet eine Passage, die sie dem Brief nach ihrer Heimkehr beifügt: »In meinem Leben vergeht noch ein Tag wie der andre, und alle wie seit vielen Jahren. Ich koche, nähe, zeichne, und gehe spazieren.« [11. Juli 1821; DLA.] In dieser Lebenssituation erscheint es plausibel, dass Luise, der es ganz offensichtlich an Anregung, Ansprache und Austausch fehlt, sich um die Nähe einer so lebenstüchtigen, bedürfnislosen und unkomplizierten Person wie Christophine Reinwald bemüht. Diese hat die ihr angetragene Aufgabe denn auch angenommen, was einschließt, dass sich in der neuen Beziehung auch bestimmte Rollenverteilungen aus Christophines Ehe wiederholen. Darauf lassen jedenfalls manche Briefe an die Schwester Louise aus den kommenden Jahren schließen: »Luise Heim ist gerade das Gegenteil von meiner Denkungsart, sie häuft so viel Geld zusammen und zeigt bey jeder Gelegenheit, daß sie sich wenig aus der Liebe der Menschen mache. Sie ist immer kränklich, kann nichts genießen, von allem dem Gelde sich wenig wahre Freude machen. Vorigen Sommer machte sie wie gewöhnlich große Fußreisen in die thüringischen Gebirge, da nimmt sie bloß zwey Mägde mit, die ihre Sachen tragen. Ihre Lieblingsneigung geht auf die Steinsammlungen, die ihr Vater auch gehabt und sie unterrichtet hat. Diese Neigung zieht sie aber immer mehr von den Menschen zurück, die ihr nahe sind und denen sie wohlthun könnte mit ihrem Vermögen. [...] Sie ist arm bey ihrem vielen Geld und nicht geliebt, und ich bedaure sie; sie wird täglich eigensinniger und wir haben Alle unsere Noth mit ihr.« [12. Januar 1825; *Aufzeichnungen*, S. 48 f.] All das hindert Christophine nicht daran, 1832 endgültig zu Luise Heim zu ziehen. Ja, die Eigenarten der Freundin scheinen – indem sie sich von ihnen abgrenzt – für die rüstige Witwe geradezu als Bestätigung ihrer Lebensmaximen und als Lebenselixier gewirkt zu haben: »Luise behandelt mich in den langen Jahren daß wir uns kennen mit Liebe und Vertrauen. Ich habe dieß vorzüglich bemerkt als ich in Rudolstadt war wo sie mir so oft schrieb. Sie fürchtete daß ich mich entschließen werde dort für immer zu bleiben, aber aus Delikateß ließ sie sich nichts merken [...] als ich aber schrieb daß ich mich zurük sehnte [...] lief sie gleich bey allen Freunden und Bekannten herum und erzählte mit Freuden dass ich wiederkäme.« [An Louise Franckh, 1. Mai 1836; DLA.]

Die Besuche bei den Kindern des Bruders sind für Christophine willkommene Unterbrechungen des gleichförmigen Alltags. Im Sommer 1830 hält sie sich bei ihrer jüngeren Nichte Emilie von Gleichen-Rußwurm auf Schloss Greifenstein bei Würzburg auf. Im Herbst 1834 reist sie zu einem längeren Besuch nach Rudolstadt, zur älteren Nichte Caroline Junot, die dort eine Erziehungsanstalt für junge Mädchen gegründet hat. Animiert vom dortigen Milieu, von der herzlichen Aufnahme durch die Nichte, der vertrauten Gegend, dem angenehmen Klima, erwägt Christophine sogar, ganz nach Rudolstadt zu gehen. Auch mit dem Gedanken an einen Umzug nach Trier, zu Schillers Sohn Ernst, spielt sie. Und doch entscheidet sie sich letztlich immer wieder für Meiningen. Christophine scheut die Abhängigkeit von der Familie und will die Selbständigkeit nicht aufgeben, die sie so lange entbehrt hat.

Geselligkeit spielt in Christophines Leben nach wie vor eine entscheidende Rolle. Als Witwe ist sie nun endlich frei, Besuche zu machen und vor allem auch zu empfangen, soviel sie will und kann. Besonders wichtig sind ihr noch immer die Beziehungen zum Meininger Hof. Vom Hofleben, den Hochzeiten, Taufen, Begräbnissen des Fürstenhauses sowie ihrem guten Ansehen bei den hohen Herrschaften wird sie nicht müde, in ausschweifenden Briefen zu erzählen. Auch den Zeichenunterricht nimmt sie wieder auf und genießt die Vorteile, die sie sich dadurch in der Meininger Gesellschaft zu verschaffen weiß, und sicher ebenso sehr die Freude des Umgangs mit jungen Leuten: »Ich habe fast täglich Besuche, sogar ein paar hübsche Schülerinnen noch, die sich nicht abweisen ließen, zwey der vornehmsten Mädchen von hier, [...] beide sehr schöne und gebildete Mädchen, die mein Alter erfreuen; sie wissen nicht, wie sie mir ihre Liebe bey allen Gelegenheiten zeigen sollen, da ich natürlich kein Geld für den Unterricht nehme [...]. Aber ich gewinne auf diese Art mehr als wenn ich Geld nehme, da sie mir sonst allerlei angenehme Präsente machen, und immer werde ich in die Häuser eingeladen, wo auch zuweilen der Herzog kommt.« [An Louise Franck, 12. Januar 1825; *Aufzeichnungen*, S. 46.]

Eine realitätsnahe Vorstellung von Christophines Witwenleben gibt ein Brief von Emilie Gaab, der Tochter ihrer alten Bekannten Luise Pistorius. Nach einem Besuch in Meiningen im Sommer 1847 berichtet sie ihrer Mutter: »sie stand mit dem Rüken gegen mich an einem Tischchen u schob eifrig etwas in den Mund was sich alsbald bei meinem herzlichen Willkom als Käs auswieß, ich sagte ihr ich hätte ihr Grüße von Dir zu bringen u gab mich zu erkennen worauf sie ungemein vergnügt war daß ihr Gott diese Freude schenke [...], sie ist so jung noch, ja sie versicherte mich daß sie ihre 90 Jahre gar nicht spüre u sich oft wundre daß sie so alt sey. Auf einem 4ekichten Tischle am Sopha stand eine große Schüßel mit Blumen hin u her lagen von ihrer Hand zerstreute Gedichte, [...] Bilder von Schiller hingen hie u da unter andern an der Wand herum. Sie brachte mir eine Taße Bischoff u Lebkuchen, u ließ ihrem schwäbischen Dialekt hie u da zu meiner großen Freude den Lauf. Ich folgte ihr in ihr Schlafkabinet als sie in ihrer Lebhaftigkeit einmal hinein gieng das ist kaum so groß als Dein Alkov nur länglicht, oben am Fenster steht ein Tischle mit Mahl Aparat wo gerade eine Tulpe angefangen da lag u unten die Bettlade mit einem weißen Vorhang ganz einfach, an der Wand hängen ohne Glas eine Menge Malereien u Zeichnungen von sich, an einer Wand lauter Blumen, ich sagte sie könnte wohl mir etwas davon mitgeben für Dich worauf sie äußerst freundlich anbot was ich nur wollte, ich wählte ein Jelänger je lieber für Dich, u für mich eine Winde. [...] Dann küßte sie mich so herzlich, u als ich hinaus fuhr aus Meiningen stand sie in Unterrock u Bettkittel am Fenster. [14. Juli 1847; DLA.] Wenige Wochen darauf, am 31. August 1847, kurz vor ihrem 90. Geburtstag, ist Christophine Reinwald in ihrer Wohnung gestorben. Ihr von einem Eisenkreuz im neugotischen Stil geschmücktes Grab auf dem Meininger Friedhof ist bis heute erhalten.

II. 86

Die Zeitzeugin

Hier ruht Schillers Schwester«. So steht es auf Christophine Reinwalds Grabkreuz. Und als »Reinwald, geb. Schiller« signierte sie schon das Gedicht *Nachruf an Schiller*, das sie 1805, anlässlich seines Todes geschrieben hat. Mit dem Tod des Bruders beginnt die Wirkungsgeschichte Christophines als ›öffentliche Schwester‹, als Zeitzeugin und Quelle der frühen Schillerforschung. In den ersten Jahren nach Schillers Tod versucht die Familie, die Wirkung seines Werks von der Biografie zu trennen und Diskretion über das Leben des Dichters zu wahren. Schillers Privatleben soll nicht an die Öffentlichkeit gezerrt und durch widerstreitende Interessen entstellt werden. Von dieser Haltung zeugt auch Christophines Brief an ihre Schwägerin vom 15. Juni 1805: »Ich will Dir alles, was ich mich noch aus seinen früheren Jahren erinnere, aufschreiben, und Deinen Wunsch werde ich heilig befolgen, nichts von alledem Jemand anderm mitzutheilen. [...] Ich habe es meinem Mann auch ernstlich vorgestellt, und er wird es auch nicht thun; obschon die unrichtigen Urtheile in den Zeitungen ihn schon oft aufbrachten, und er sie widerlegen wollte, so bat ich ihn, sich nicht darein zu

links Edelwicke (Lathyrus odoratus). Aquarell von Christophine Reinwald.

mengen.« [*Beziehungen.* S. 314.] Doch es zeichnet sich bereits ab, dass Zurückhaltung nicht das rechte Mittel sein kann, will die Familie die Deutungshoheit über Schillers Biografie behalten. Obwohl sich eine einheitliche Haltung der Hinterbliebenen nicht durchsetzen lässt, versuchen diese doch bald, das sich allmählich formende öffentliche Schillerbild korrigierend – und meist beschönigend – mitzugestalten. Die Hauptrolle wird dabei Schillers exzentrische, stark öffentlichkeitsbezogene Schwägerin Caroline von Wolzogen spielen, die 1830 ihre eigene Version einer Lebensbeschreibung veröffentlicht.

Als der Schillerkult in den 1830er-Jahren im Vorzeichen der Stuttgarter Denkmalspläne neue Dimensionen annimmt, geht Christophine Reinwald auf Distanz: »Überhaupt«, schreibt sie der Schwester Louise, »sage ich dir im Vertrauen das Publikum solte es nun gut seyn laßen mit der großen Verehrung es ist genug geschehen«. [28. Dezember 1835; DLA.] Begründet ist diese Distanzierung wohl primär in Christophines hohem Alter und den generellen Rückzugstendenzen, die damit einhergehen. Doch muss sie auch wahrhaben, dass die Familie schon längst jeden Einfluss auf das öffentliche Bild Schillers verloren hat. Der Einweihungsfeier von Thorvaldsens Denkmal 1839 bleibt Christophine denn auch fern, obwohl sie nach dem Tod von Schillers Witwe (1826) mehr denn je von den Schillerverehrern umworben wird. So hält sie es auch bei der Uraufführung von Heinrich Laubes Schauspiel *Die Karlsschüler* (1846). Doch die Widmung, mit der ihr Laube das Buch zuschickt, wird ihr wohl gefallen haben: »Der Schwester Schillers, welche so zärtlich von ihm geliebt wurde, welche des Dichters Jugendkämpfe so treulich neben und mit ihm durchgefochten und welche die Zeit noch erlebt hat, da der große Bruder auf den Schaubühnen des Vaterlandes wie ein Held und Schutzengel der Nation enthusiastisch begrüßt wird, ihr der ehrwürdigen Matrone sei dies Buch überreicht in herzlicher und tiefer Ehrerbietung«. [28. Januar 1847; DLA.]

Nach ihrem Tod wird Christophine Reinwald vollends zum »biografischen Faktor« der Schillerforschung. Die Kernszenen ihrer zunächst nur handschriftlich – in mehreren Fassungen – verbreiteten Erinnerungen *Schillers Jugendjahre* fehlen bis heute in keiner Biografie. Sie sind schon bald zu Standardmotiven der Schiller-Biografik geworden: sei es das Bild des lernbegierigen kleinen Fritz, der die Erzählungen der Mutter, die geistlichen Vorlesungen des Vaters, die Predigten und Gebete während der Gottesdienste in sich aufsaugt und vor seinen kindlichen Zuhörern in kreativer Metamorphose wiedergibt; sei es das Bild vom kleinen Fritz als Schauspieler, der seine Auftritte in selbst verfassten Theaterstücken durch seine überbordende Lebhaftigkeit verdirbt. Auch der Topos vom Rechts- und Pflichtbewusstsein des Kindes und der vom früh vollendeten und deshalb früh gestorbenen Genie gehen nicht zuletzt auf Christophines Erinnerungen zurück. Begonnen hatte sie mit der Niederschrift unmittelbar nach dem Tod des Bruders, angeregt vom Wunsch der Witwe nach Detailinformationen über Schillers Kindheit. Abgeschlossen war der Text spätestens 1830, im Erscheinungsjahr von Caroline von Wolzogens Biografie, die in Teilen darauf fußt. Publiziert wurde er erst Jahrzehnte nach Christophines Tod. Sie selbst kommt in ihren Schilderungen und auch in den ergänzenden *Notizen über meine Familie* so gut wie nicht vor. Wie in der Korrespondenz mit dem Bruder tritt sie auch hier ganz hinter ihn zurück. Darin ist ihr die Nachwelt gefolgt: Als eigenständige bürgerliche Existenz der Zeit zwischen Absolutismus und Vormärz wird Christophine Reinwald bis heute nicht wahrgenommen. Selbst in der einschlägigen Sammlung von Porträts der Schwestern berühmter Männer [*Schwestern berühmter Männer*, hrsg. von Luise Pusch, Frankfurt a. M. 1985] fehlt sie, obwohl ihr Leben für eine solche Schwesternexistenz geradezu prototypisch verläuft. Christophine Reinwald hat die ambivalenten Rollen der begabten älteren Schwester eines genialen Bruders und der ältesten Tochter eines autoritären Vaters voll und ganz angenommen und alles daran gesetzt, die damit verbundenen Erwartungen zu erfüllen, auch wenn ihr das – vor allem in ihrer Ehe – ein großes Maß an Verzicht abverlangt hat. Kompensiert hat sie die Defizite mit Hilfe der ihr von Jugend an vermittelten Wertnormen.

Die politischen, gesellschaftlichen und wirtschaftlichen Umbrüche in Europa zwischen der Französischen Revolution und der bürgerlichen Revolution von 1848 haben in Christophine Reinwalds Leben keine sichtbaren Spuren hinterlassen. Dabei waren Kriegswirren Teil ihres Lebens von der Geburt bis zum Tod: Die Teilnahme des Vaters am Siebenjährigen Krieg überschattete Christophines erste Lebensjahre; viele Jahre ihrer Jugend verbrachte sie mit den Eltern in der Nähe von Garnisonen. Und als sie 1796 aus Meiningen auf die Solitude zurückkehrte, um Eltern und Schwestern zu versorgen, befand sich Württemberg im Ausnahmezustand. 1806, während der Schlacht von Jena und Auerstedt machte sie sich Sorgen um ihre von Plünderung bedrohten Weimarer Verwandten. Und sowohl in Meiningen wie bei ihren Freunden in Schwaben gab es durchaus kontroverse Debatten über aktuelle politische Fragen. Doch all dies bleibt in Christophines Briefen ohne Resonanz – sicher nicht allein aus Rücksicht auf die damals herrschende Postzensur. Eine Ausnahme bildet der Einbruch napoleonischer Truppen in Württemberg 1796, die einzige Situation, in der der Krieg und seine Folgen Christophines individueller Existenz berührten. Ansonsten versteht sie ihr Leben und das der Ihren als durchaus privat.

Auch Christophines Bezug zur Literatur und zum literarischen Leben ist rein persönlich und biografisch bestimmt, fokussiert auf den Bruder und sein Werk. Ihre Interessen stagnieren mit Schillers Tod. Literatur sieht und versteht sie ausschließlich aus der Perspektive von Klassik und Idealismus. Dass diese »Kunstperiode« spätestens seit Heines Konfrontation mit Goethe im nahen Weimar Konkurrenz erhalten hat in Gestalt einer neuen, der gesellschaftlichen Aktualität verpflichteten Literatur, entzieht sich ihrer Kenntnis.

Moderne literarische Strömungen sind bei Christophine Reinwald und möglicherweise auch im damaligen Meiningen nicht angekommen. Welches Bild sich die zeitgenössische literarische Öffentlichkeit von Schillers Schwester machte, zeigt exemplarisch eine kleine Verserzählung von Gustav Schwab. Sie erschien 1846, in ihrem letzten Lebensjahr, unter dem programmatischen Titel *Ein Genrebild* in Friedrich Hofmanns Almanach *Weihnachtsbaum für arme Kinder. Gaben deutscher Dichter*, im Bibliographischen Institut Hildburghausen. Geschildert wird der Zwischenaufenthalt eines Reisenden in Meiningen. Dieser besucht, aufmerksam gemacht durch den örtlichen Gastwirt, auch Schillers Schwester. Die alte Frau in ihrer selbst gewählten Einsamkeit erscheint in Schwabs Gedicht als Denkmal einer aus der Zeit gefallenen provinziellen Existenz, für die Durchreisenden zur Besichtigung freigegeben wie »Schloß und Kirch' und Rathhaus«:

Dicht am Fenster vor dem kleinen Tische
Sitzt am Farbentopfe, Pinseltauchend,
Schwer bewältigend der Hände Zittern,
Urgroßmutterähnlich die Matrone [...].
»O wie einsam!« ruft der Fremde traurig.
»Wer versorget, sagt mir, dieses Alter?
Dieser Armuth, wer kommt ihr zu Hülfe?«
»Sie sich selbst!« erwidert ihm der Führer. [...]
»Diesen Tisch, des Tages einmal, deckt sie
Mit dem selbstgescheuerten Geräthe;
Dort im Kämmerlein wird auf dem Kissen,
Das sie selbst gelüftet, bald sie ruhen,
Von der magern Kost zur Noth gesättigt [...].
Klopft' ihr Name an, den sie geopfert,
Jung den alten Ehemann erwählend,
Um dem Bruder Stätte zu bereiten –
Alle Welt wetteiferte mit Gaben! [...]

Doch sie will nicht, die Bedürfnißlose,
Die an Selbstverleugnung längst gewöhnte,
Sie, von dargebrachten Opfern lebend,
Wie ein And'res lebet von Genüssen.
Ohne Dienerhand und Freundesauge
Am Vergang'nen zehrend in der Stille,
Aus der Gegenwart nur Blumen pflückend,
Sitzt und malt im niedern Erdgeschosse
Schillers neunundachtzigjähr'ge Schwester.«

Diese Darstellung hat Christophine Reinwald verärgert. Sie reagiert unmittelbar, mit einem Brief an Schwab vom 14. Januar 1847. Höflich aber deutlich verwahrt sie sich gegen das Klischee der armen, vereinsamten und resignierten Greisin, das hier von ihr gezeichnet wird. Es stört sie umso mehr, als der im Gedicht beschriebene Besuch fingiert ist, Schwab sie de facto gar nicht gekannt hat. Sein Bild von ihr entspreche keineswegs der Wirklichkeit: »Daß es mir bis jetzt noch nicht ähnlich ist, habe ich Gottes Gnade zu danken und erkenne darin eine Belohnung für mein früheres Leben, das ich der Pflicht gewidmet habe.« [14. Januar 1847; DLA.] Dieser Brief, eines der letzten Dokumente von Christophine Reinwald, enthält, in den typischen Wendungen, zu denen sich ihre verbale Ausdruckfähigkeit verfestigt hat, noch einmal all das, was für sie zählte: ein gottgefälliges Leben in Pflichterfüllung, gesegnet durch Gesundheit, hohes Alter, gesellschaftliche Anerkennung und die liebevolle Fürsorge ihrer Umgebung. Es sind die apolitischen Werte der Restauration und des Biedermeier, die sich hier manifestieren. Dass Christophine Schwabs *Genrebild* ablehnt, erscheint nur konsequent. Denn es wertet ihre Form der Selbstbescheidung ab und stellt damit auch ihr Selbstbild als Schillers Schwester in Frage. Wie sehr sie darauf beharrt, das wird noch einmal deutlich, wenn sie den Brief an Schwab, wie alle ihre Briefe, unterzeichnet als »Reinwald, geb. Schiller«.

Quellen und Literatur

▪ Züge aus dem Lebensbild der Frau Hofräthin Reinwald geb. Schiller, entworfen von Dr. [Constantin] Ackermann. Meiningen 1847. ▪ Schiller's Beziehungen zu Eltern, Geschwistern und der Familie von Wolzogen. Hrsg. von Alfred von Wolzogen. Stuttgart 1859. [Zit. als: *Beziehungen.*] ▪ Schiller's Briefwechsel mit seiner Schwester Christophine und seinem Schwager Reinwald. Hrsg. von Wendelin von Maltzahn. Leipzig 1875. ▪ Friedrich Schillers Schwester Christophine. Zur Feier des Todestages des Dichters (9. Mai 1805) zumeist nach Urkunden des Schillerhauses in Marbach dargestellt von Dr. Jur. A. [August] von Schloßberger. In: Besondere Beilage des Staats-Anzeigers für Württemberg, Nr. 5–6, Stuttgart, 9. 5. 1892. S. 65–96. ▪ Schillers Persönlichkeit. Urtheile der Zeitgenossen und Documente, gesammelt von Max Hecker. Erster Theil. Weimar 1904. [Darin von Christophine Reinwald: Schillers Jugendjahre. Eine Skizze (S. 21–29) und: Notizen über meine Familie, geschrieben im October 45 (S. 30–44).] ▪ Die letztwilligen Aufzeichnungen der Frau Christophine Reinwald, Schillers Schwester. Hrsg. von Ernst Koch. Hildburghausen 1925. (Schriften des Vereins für S.-Meiningische Geschichte und Landeskunde. 83.) [Zit. als: *Aufzeichnungen.*] ▪ Hans-Dieter Mück: Schillers Elternhaus in Marbach am Neckar. Zeugnisse über seine Familie 1749–1764. Marbach 1984. (Schriften zur Marbacher Stadtgeschichte. 4.) ▪ Gertrud Fiege: Christophine Reinwald, geborene Schiller. In: Zwischen Ideal und Wirklichkeit. Künstlerinnen der Goethe-Zeit zwischen 1750 und 1850. Hrsg. von Bärbel

Kovalevski. Ostfildern-Ruit 1999. S. 98, 234, 294 f. ▪ Peter André Alt: Schiller. Leben – Werk – Zeit. 2 Bände. München 2000.

Die Briefe von und an Friedrich Schiller werden zitiert nach den entsprechenden Bänden der Nationalausgabe [*Schillers Werke. Nationalausgabe*, Weimar 1948 ff.] Das Kürzel DLA verweist auf ungedruckte Quellen im Deutschen Literaturarchiv Marbach.

Herausgeber: Deutsches Literaturarchiv Marbach
Redaktion: Heike Gfrereis und Dietmar Jaegle
Ausstattung: Diethard Keppler und Stefan Schmid
Gesamtherstellung: Offizin Chr. Scheufele, Stuttgart
ISBN 978-3-937384-27-6

Die Deutsche Schillergesellschaft wird gefördert
durch die Bundesrepublik Deutschland,
das Land Baden-Württemberg, den Landkreis Ludwigsburg
und die Städte Ludwigsburg, Marbach am Neckar
und Stuttgart.

Das vorliegende Marbacher Magazin erscheint zur Ausstellung:
»Theuerste Schwester« – Christophine Reinwald, geb. Schiller,
Konzeption: Michael Davidis
Konservatorische Betreuung: Ingeborg Fries
Schloss Elisabethenburg, Meiningen, 5. Mai bis 12. August 2007
Schillers Geburtshaus, Marbach am Neckar, 4. September 2007 bis 31. Januar 2009

Die Bearbeiter danken allen Kolleginnen und Kollegen in Marbach und Meiningen,
die das Projekt mit Rat und Tat unterstützt haben, sowie dem Marbacher
Schillerverein, der es finanziell gefördert hat.

Vor- und Nachsatz: Zwei Ansichten der Stadt Meiningen. Feder- und Bleistiftzeichnungen
von Christophine Reinwald: »Die Stadt Meiningen entworfen im Jahr 1826.
rechtseit viele Berggärten und Gartenhäußchen über 300.«
Frontispiz: Ludovike Simanowiz: Porträt Christophine Reinwald (1786 oder 1789),
Öl auf Leinwand, 67,5 × 53 cm (Ausschnitt)
Fotoarbeiten: Mathias Michaelis, DLA Marbach